法律常识全知道

李桥（法学学士、专职律师）主编

文汇出版社

图书在版编目 (CIP) 数据

法律常识全知道 / 李桥主编. — 上海：文汇出版社, 2021.6
ISBN 978-7-5496-3559-7

Ⅰ. ①法… Ⅱ. ①李… Ⅲ. ①法律 - 基本知识 - 中国 Ⅳ. ① D920.5

中国版本图书馆 CIP 数据核字 (2021) 第 095217 号

法律常识全知道

著　　者	李　桥
责任编辑	戴　铮
装帧设计	天之赋工作室
出版发行	文匯出版社
	上海市威海路 755 号
	（邮政编码：200041）
经　　销	全国新华书店
印　　制	三河市天润建兴印务有限公司
版　　次	2021 年 6 月第 1 版
印　　次	2023 年 3 月第 8 次印刷
开　　本	880×1230　1/32
字　　数	129 千字
印　　张	7
书　　号	ISBN 978-7-5496-3559-7
定　　价	39.80 元

序 言

　　生活处处离不开法。在这个法治时代，法律常识已经成为一种大众生活的必需品。想要保护自己的合法权益不受侵害，在阳光下好好生活，我们就离不开法。它是武器，捍卫着每个公民合法的正当权益，让每个人都能安居乐业，在这个社会上获得足够的安全感；它也是准绳，让一切罪恶都能受到应有的惩罚。

　　法律——听上去似乎十分"高大上"，但实际上，它却渗透在我们生活的方方面面。从最基本的衣食住行、生老病死，到与生活息息相关的教育就业、租房借贷，再到我们每天的理财消费、工作创业，无不与法律息息相关。就连人与人之间的交际，也离不开法律的规训与束缚。

　　懂法，我们才能知道，为什么同样是保护自己免受伤害，有的人是正当防卫，有的人却要负刑事责任；懂法，我们才能明白，在合法权益受到侵害时，该如何用最有效也最安全的方式自我捍卫；懂法，我们才能懂得，如何规避风险，远离纠纷，以免让阴霾遮挡生活的阳光。

或许有人会问,要怎么才能懂法呢?难道一定把那些厚厚的法律法规都读个遍,把那些密密麻麻的法律条文都背下来?当然不是,我们并非专业的法律工作者,事实上,只要掌握好与我们日常生活息息相关的法律常识,就足以让我们学会守法、用法。

学习法律的途径有很多,对于广大读者来说,最方便也最有效的学习方式,无异于能拥有一本讲解深入浅出、让每个人都能读懂的大众普法书籍。

本书内容精选与我们生活息息相关的真实案例,也有来自专业人士深入浅出的普法讲解,让每个人都能轻松掌握涉及生活方方面面的法律常识,学会用法律武器捍卫自己的合法权利,同时规避风险,以免因无知而触犯法律。

知法、懂法、守法,会让我们的生活更加安全,也更加有所保障。

(本书编委:韩志波、张勇、周丹、吕洁、鹿广静、邓春蓉、陆姗姗。感谢各位给予本书的帮助与鼓励。)

目 录

/ 第 1 章 /　婚姻那些事儿
——以"新婚姻法"为依据，精准保障你的合法权益

禁止天价彩礼，我们是否就一定要裸婚　/ 002
婚前自购房产，离婚时会不会被分割　/ 005
对方原因分手，高额赠与是否能要回来　/ 008
一方不能或不愿生育，另一方可否起诉离婚　/ 011
如何依法有据地让渣男或渣女净身出户　/ 013
利用离婚冷静期拒绝离婚，给生活加点儿料　/ 015

/ 第 2 章 /　从未成年到成年
——孩子的健康成长，离不开"新儿童法"保驾护航

代孕，是有违人伦还是违反法律法规　/ 020
弃养，在我国算不算重罪　/ 024
自己的孩子可以卖？刑罚会让你后悔莫及　/ 026
未满 14 周岁的孩子，触犯法律也有代价　/ 029

成年子女大学就读期间，父母是否必须支付抚养费　/ 031

夫妻离婚以后，一方为孩子改姓名有什么要求　/ 034

/ 第3章 /　老有法依
—— 年老孤凄，更要懂得用"新老年法"呵护自己

老人再婚，子女强行干涉是否违法　/ 038

再婚老人，对方子女对自己是否具有赡养义务　/ 041

子女好逸恶劳，老人可以拒绝"啃老"　/ 043

子女强占父母房产，父母维权有方法　/ 047

老人遭受子女、儿媳、女婿虐待，怎样合法维权　/ 049

收养关系终止，养子女是否对老人还有赡养义务　/ 053

/ 第4章 /　职场风险提示
—— 通晓现行职业法律常识，依法工作才能劳有所值

试用期就比别人地位低？试用期也不可以随意解聘　/ 057

劳动合同何时签，逾期可获怎样的工资赔偿　/ 060

不缴纳社保打折变现工资，到底合不合适　/ 063

单位强制"996"工作制，可以不接受吗　/ 066

离职补偿"n+1"，要符合什么样的情况 / 069

工伤的合理界定 / 072

/ 第 5 章 /　财产不容侵犯
—— 实现财务自由的前提，是避免财产受到不法侵害

银行卡、支付宝被盗用，这钱自己要不要还 / 077

车子借给朋友出了交通事故，责任由谁来承担 / 079

赠与必须签订合同，所有赠与被索要时要偿还吗 / 081

限制行为能力，熊孩子乱花钱在什么情况下可追回 / 084

有些手写的借条，为什么不具备法律效力 / 086

碍于情面做担保，你要考虑法律风险 / 088

/ 第 6 章 /　消费维权应知道
—— 购买伪劣商品受害不浅，我们要懂得合理维权

怎样界定、如何对付"霸王条款" / 093

商家泄露你的个人信息，可遵循哪些维权条例 / 096

7天无理由退货？反悔权其实也有条件 / 099

买到假货或者过期产品，一般情况下你还有的赚 / 103

要求快递送货上门，是胡搅蛮缠还是有法可依 / 107

办理商家会员，怎样应对老板卷款跑路的违法行为 / 110

/ 第 7 章 /　让保险真保险
——现行保险法下，怎样买保险才不算白花钱

保险合同的不可抗辩规则，你一定要了解　/ 115
出现什么样的不法行为，保险公司可以拒赔　/ 118
遭遇理赔纠纷，该如何保障自身权益　/ 121
受益人领保金，需不需要缴税　/ 124
偷偷买了保险却不幸身故，受益人能否领到保金　/ 127
非婚生子女、养子女，是否可以成为保险受益人　/ 129

/ 第 8 章 /　购房、租房法典
——避开购房路上的陷阱，半生积蓄不能随风飘零

开发商承诺的配套设施没有了，我们怎样去维权　/ 133
买房遭遇烂尾楼，如何合法维护自己的权益　/ 135
购房使用"阴阳合同"，可能承担怎样的法律风险　/ 139
为孩子购买学区房，卖主不迁户口怎么办　/ 142
房东卖房，租期未到是否拥有继续居住权　/ 145
中介把你的房子群租了，你会承担什么后果　/ 149

/ 第 9 章 / 企业经营法则
——创业可以变得富有,但不要忽略其中的法律风险

法定代表人需要承担哪些法律责任　/ 154
中国式合伙人,有哪些事情必须掰扯清楚　/ 157
合伙人,是否全部都要负连带偿还责任　/ 160
将公司资金转入个人账户,你是老板也算违法吗　/ 162
很流行的"末位淘汰制",是否触犯了《劳动法》　/ 165
员工怀孕期间劳务合同到期,可不可以不续签　/ 168

/ 第 10 章 / 新刑法与新刑罚
——不吃亏也别犯法,谁也承受不起犯罪的代价

行政拘留与刑事拘留的界限是什么　/ 172
能动手就别吵吵,你可知道动手的代价有多大　/ 176
你以为自己只是醉驾,但可能是危害公共安全　/ 179
认定强奸只看女性表述,遭遇诬陷怎么办　/ 182
助人为乐被碰瓷,可否反诉对方恶意诈骗　/ 185
患有精神类疾病,就可以为所欲为吗　/ 188

/ 第11章 / 诉讼与仲裁
——不惹事也不怕事，不可不知的"告状"那些事儿

申请劳动仲裁，为什么被告知已经过期了　/ 194
伤残等级，对应怎样的法律责任与赔偿额度　/ 197
别有用心的虚假诉讼，是否构成违法犯罪　/ 200
打官司时，聊天记录能否作为有效证据　/ 203
"先予执行"是怎么回事，官司没打完是否也能拿到赔偿　/ 206
被执行人拒不执行，除了抑郁就拿对方没办法吗　/ 210

/第1章/ 婚姻那些事儿

——以"新婚姻法"为依据,
精准保障你的合法权益

　　婚姻是一段美好爱情的开花、结果,但结出的果实未必总是那样甜美。婚姻涉及的问题远比恋爱要多,当爱情成为婚姻的时候,你就需要了解很多法律上的知识了。懂了足够多的法律知识,才能在婚姻中保障自己的合法权益。

禁止天价彩礼,我们是否就一定要裸婚

【案件缘由】

2019年,江西年轻人许某经人介绍,与姑娘叶某结识。

许某是家中独子,虽然学历不高,但为人踏实肯干、性格谦逊。由于他不善言辞,已过当地的适婚年龄仍未成家。家中长辈对他的婚姻大事都非常重视,也有些心切。

与姑娘叶某结识之后,许家长辈为了促成这桩婚事,答应叶家支付大额彩礼。叶家人见男方"财力雄厚",便答应了婚事。不过叶某年龄尚小,不急于婚嫁,但耐不住家中催促,因而在与许某相识仅一个月后便答应订婚。

许家举办了隆重的订婚宴,宴席上,许某当众将22.8万元的彩礼付给叶家。加之订婚宴的支出,许家共花费25万元整。

按照当地风俗,年轻人订婚之后便可同居。但是许某发现,叶某虽然同意订婚,但是心理上对自己有所抗拒,二人只是名义上的同居,并没有发生实际的夫妻关系。

叶某也发现许家虽然支付了22.8万元的巨额彩礼,实际上这些钱是他们东拼西凑借来的,许家也因此负债累累。叶

某认为许家欺骗了自己,一气之下跑回娘家并坚持退婚。

许某见叶某无意与自己共度终生,便要求叶某退还彩礼。叶某一口答应,但是表示自己退婚的事情没有跟娘家人讲,需要一些时间来挣钱,然后再退还彩礼。

许某不同意叶某的回应,二人产生了纠纷。4月2日,许某竟然趁着叶某一人在家的时候,以残忍的方式杀害了叶某。天价彩礼,最终造成两个家庭的悲剧。

【现身说法】

2021年1月1日正式实施的《中华人民共和国民法典》(以下简称《民法典》)第一千零四十二条规定:**禁止包办、买卖婚姻和其他干涉婚姻自由的行为。禁止借婚姻索取财物。**有人便简单地认为,从今往后收取彩礼就属于违法行为。事实上,这种认识是片面的,一般意义上的彩礼并不属于"借婚姻索取财物"。所以在婚姻中,男方出于自愿、以结婚为目的,赠与女方家属一定的金钱做彩礼不属于违法行为。同样,女方收取了彩礼也不属于违法行为。

那么,什么才叫"借婚姻索取财物"呢?其实,这主要看男方是否自愿。比如,女方以婚姻为要挟,强迫男方支付大额钱财,男方在非自愿的情况下迫于压力支付了钱财,这就属于"借婚姻索取财物"。

可能有人会说,大多数人不是真正想要出彩礼钱,如此说来，大多数彩礼其实都属于"非自愿"。其实，关于界定什么是自愿、什么是非自愿有一个非常重要的依据，那就是男方是否因女方的财产诉求而造成生活困难。

在许某与叶某的案例中，叶家人借婚姻索取了许家大量财物，并造成许家债台高筑、生活困难，这便属于典型的"非自愿"。当然，叶家索取彩礼的行为固然不对，但是许某因此对叶某痛下杀手更是丧心病狂、严重违法。这两件事虽然有一定的联系，但需要分别看待，不能混为一谈。

【读法心得】

关于彩礼"毁人不倦"的例子，这些年来我们已经听得足够多了，但是这一现象恐怕很难在短时间内得到根除。

彩礼作为一种传统或风俗有其存在的合理性，因此它本身没有错，错就错在有人借彩礼之名行敛财之实。即便是彻底"禁"了彩礼,有这种想法的人也会借其他方式来"发婚姻财"。所以,想要彻底杜绝此类现象的发生,不能仅靠法律的约束,更需要社会观念的转变。

婚前自购房产,离婚时会不会被分割

【案件缘由】

2006年10月,李某购买了一套商品房,首付款15万元,贷款20万元,房屋总价35万元。

一年后,李某与姑娘张某登记结婚。此时,李某购买的房产已经升值到40万元。

结婚之后,二人共同还贷。不久,房产证办理下来,上面只写着李某一人的名字。

几年过后,李某与张某的感情逐渐破裂,二人都觉得无法与对方继续生活下去,便决定离婚。此时,房子已经升值到60万元。

在离婚分割财产时,二人因房子的分割问题产生分歧。李某认为,房子属于自己的婚前财产,不可能平分。张某则认为,由于婚后二人共同还贷,房产证的取得时间也是在婚后,房屋理应属于共同财产。

二人因此争执不休，对簿法庭。结果，法庭审理后认为，房屋为李某婚前所买属于婚前财产，李某无须与张某分割房产。但是由于张某曾经与李某共同还贷，所以李某在分割财产时须将这部分支出考虑在内。法院同时指出，该房屋的增值部分，李某也应与张某共享。

【现身说法】

婚前购买的房产属于婚前财产，这是毋庸置疑的。本案有一个最大的争议点，那就是李某的房子虽然是婚前购买，但是，婚后夫妻二人共同偿还房贷，这就造成财产分割时的重大争议。

《民法典》第一千零六十三条规定下列财产为夫妻一方的个人财产：**（一）一方的婚前财产；（二）一方因受到人身损害获得的赔偿或者补偿；（三）遗嘱或者赠与合同中确定只归一方的财产；（四）一方专用的生活用品；（五）其他应当归一方的财产。**也就是说，夫妻一方婚前签订不动产买卖合同，以个人财产支付首付款并在银行贷款；婚后用夫妻共同财产还贷，不动产登记于首付款支付方名下的，离婚时，该不动产由双方协商处理。

《民法典》第一千零八十八条规定了离婚时的经济补偿请求权：**夫妻一方因抚育子女、照料老年人、协助另一方工作等负担较多义务的，离婚时有权向另一方请求补偿，另一**

第 1 章 婚姻那些事儿
——以"新婚姻法"为依据，精准保障你的合法权益

方应当给予补偿。**具体办法由双方协议；协议不成的，由人民法院判决。**像李某和张某这种"婚前一方买房，婚后双方还贷"的情况，如果要离婚的话，二人需要就房产分割进行协商。如果不能达成共识，婚前买房的一方将拥有房屋的产权，另一方也有资格"共享"房子增值的收益，有权收回自己帮忙支付的住房贷款。

想要理解这条法律，就必须要了解法律中关于物权法和债权关系的相关知识。

在婚前，无论李某是全款还是贷款购买了房屋，他都是这栋房子唯一的产权人。房贷，实际上是李某与银行之间形成的债权债务关系，产权关系和债权关系是两种完全不同的法律关系，并不能改变房屋作为个人财产的性质。

说得通俗一点就是，即便张某在"帮助"李某还房贷，但是她并不能因此获得房子的产权，因为房子的产权和房贷的债权二者不能画等号。

【读法心得】

房子作为大多数家庭最有价值的资产，历来是婚姻破碎时双方的"必争之地"。

随着新婚姻法的出台，很多人意识到：婚前买房子，就可以避免自己离婚后无家可归；也有人意识到：对方婚前买的房子，到最后可能跟自己一点儿关系也没有，只有把自己

的名字写到房产证上才是王道。因此，出现了这样一种现象，那就是关于房屋产权的争夺从二人结婚前就已经开始，这也让婚姻关系变得越来越物质了。

对方原因分手，高额赠与是否能要回来

【案件缘由】

2019年1月，王某与姑娘李某相识，二人迅速踏入爱河。在随后一年多的恋爱过程中，王某多次通过微信、支付宝等方式向李某转款，款项金额多为520元、1314元之类表达爱意的数字。

短短一年多的时间，王某共向李某转款26万元。但金钱不是衡量爱情长度的唯一标准，不久后，二人的感情出现危机，最终分手。

分手之后，王某提出要李某归还26万元的赠与款项，但是遭到李某拒绝。王某一气之下，将李某告上法庭。

法庭审理认为，王某向李某支付的款项中有一部分属于"赠与"，李某无须归还；有一部分属于"有附加条件的赠与"，李某应该归还。

第1章 婚姻那些事儿
——以"新婚姻法"为依据，精准保障你的合法权益

【现身说法】

本案中，出现了两个关键性的概念——"赠与"和"有附加条件的赠与"。

《民法典》第六百五十七条规定了赠与合同的概念：**赠与合同是赠与人将自己的财产无偿给予受赠人，受赠人表示接受赠与的合同**。因此，可以把恋爱中男方主动赠送给女方或女方主动赠送给男方的一些小礼物、小红包的行为，视作双方达成的一种"赠与合同"，但这种合同属于"无附加条件合同"。

所谓无附加条件合同，简单来说，就是另一方不需要偿付相应的代价，你愿意给、她愿意要，合同行为已经生效，但她不需要因你的赠与而做出任何承诺或承担任何责任。所以在本案中，即便两个人最后分手，这些小礼物、小红包也是不能要回的。

关于"有附加条件的赠与",《民法典》第六百六十一条规定：**赠与可以附义务。赠与附义务的，受赠人应当按照约定履行义务。**同时，《民法典》第六百六十五条规定：**撤销权人撤销赠与的，可以向受赠人请求返还赠与的财产。**

简单来说，就是有附加条件的赠与是一种"有条件"的赠与。在本案中，王某赠与李某的一部分钱财是以促成二人婚姻关系为条件的，最终二人没有结婚，也就不满足赠与的条件，所以这部分金钱是可以追回的。

如何分辨赠与和有条件的赠与呢？在实际的案例中，一般以金额大小来判断。也就是说，在恋爱关系中，小额的礼物、金钱一般视作赠与，但是大额的礼物和金钱（比如贵重首饰、高档汽车）就可以被理解为有条件的赠与。

【读法心得】

爱情中，男女之间互赠礼物本来是常事，但一旦爱情破裂，曾经象征爱慕之情的礼物赠与，就可能成为双方扯皮的因素。这样的事例，在生活中屡见不鲜。

我们应该知道的是：金钱并不是爱情唯一的黏合剂。赠与的一方试图通过大量金钱来挽留爱情，可能最终并不能如愿；被赠与的一方也要意识到，有些钱或物品即便拿到手里也不见得能够安稳。所以，恋人该谈情的时候就好好谈情，谈钱的时候也要保持头脑清醒。

/第1章/ 婚姻那些事儿
—— 以"新婚姻法"为依据，精准保障你的合法权益

一方不能或不愿生育，另一方可否起诉离婚

【案件缘由】

徐某与陈某在 2018 年 12 月登记结婚，婚后感情一般，主要是因为徐某怀疑陈某没有生育能力。

两人结婚多年后，仍未有一儿半女。徐某的父母屡次催促生育，当他们得知陈某没有生育能力之后，更是要求徐某与陈某离婚。迫于家庭压力，徐某向法院提出离婚申请。

在法庭上，徐某未能提供足以说明二人感情破裂的证据。因此，法院认为双方感情未破裂，尚有重归于好的可能性，根据法律法规的有关规定，不能生育并不能作为判决离婚的法定理由，故驳回徐某的诉讼请求。

【现身说法】

在司法实践中，法院审理离婚案件时，首要考虑的因素是"双方感情是否破裂"。《民法典》第一千零七十九条规定：**有下列情形之一，调解无效的，应当准予离婚：（一）重婚或者与他人同居；（二）实施家庭暴力或者虐待、遗弃家庭成员；（三）有赌博、吸毒等恶习屡教不改；（四）因**

感情不和分居满二年;(五)其他导致夫妻感情破裂的情形。

上述案例中,徐某提交的离婚申请没有符合"因感情不和分居满二年""其他导致夫妻感情破裂的情形"这两条法律法规。

《民法典》第一千零五十三条规定:**一方患有重大疾病的,应当在结婚登记前如实告知另一方;不如实告知的,另一方可以向人民法院请求撤销婚姻。**由此可见,"一方丧失生育能力"显然不属于重大疾病,不能成为离婚依据,因而在上述案例中,法院驳回徐某的离婚诉求。

由于法院判决离婚案件时考虑的主要因素是"感情是否破裂",所以,如果夫妻双方因不能生育而感情破裂,法院则会判决双方离婚。

/第1章/ 婚姻那些事儿
——以"新婚姻法"为依据,精准保障你的合法权益

【读法心得】

生育权是人的基本权利,人既有生育的权利,也有选择不生育的权利。所以,在婚姻中,一方无论是不能生育还是不想生育都不能成为离婚的理由。但在生活中,如果夫妻二人在生育问题上的分歧无法弥合,夫妻关系就可能走向破裂,届时离离婚也就不远了。

如何依法有据地让渣男或渣女净身出户

【案件缘由】

黄某与李某在2013年登记结婚。2015年,双方共同购买了一套商品房。两年后,双方又共同购买了一辆价值20万元的小汽车。

两人的日子本来过得很和睦,但是从2019年开始,李某发现黄某经常很晚才回家,认为黄某可能有了外遇。但是黄某矢口否认,二人经常因为此事发生口角。

为了制约黄某,李某让其出具一份书面承诺,承诺书上注明:"本人如日后婚内出轨,婚后所有财产归妻子所有,本人愿意净身出户。"

次年，黄某到法院提出要与李某离婚。庭审中，李某同意离婚，并拿出黄某出轨的证据以及黄某曾经签署的承诺书，要求法庭依据承诺书判决所有财产归自己所有。

法庭认为，承诺书不具备法律效力，所以驳回李某关于要求黄某净身出户的诉求。但是考虑到黄某属于过错方，所以判决二人在分割财产时，黄某须对李某做出经济补偿。

【现身说法】

从本案可以看出，想要靠"承诺书"让渣男或渣女净身出户，往往不被法院所支持。那么，如何才能让渣男或渣女净身出户呢？想要达到这一目标非常困难，但也并非没有路径。

《民法典》第一千零九十一条规定了五种情况导致离婚的，无过错方有权请求损害赔偿：（一）重婚；（二）与他人同居；（三）实施家庭暴力；（四）虐待、遗弃家庭成员；（五）有其他重大过错。这可以看出，婚外情、出轨等行为均可归为"与他人同居""有其他重大过错"中，这就等于给渣男或渣女套上了一道紧箍咒。

但要注意的是，即便有以上五种过错，无过错方只是能够要求过错方提供一定的补偿，也就是说离婚的时候多分得一些财产，离"净身出户"的目标还有一定的距离。

那么，法律中有没有规定，在某些情况下过错方可能会被判决净身出户呢？的确有。《民法典》第一千零九十二条规定：**夫妻一方隐藏、转移、变卖、毁损、挥霍夫妻共同财产，或者伪造夫妻共同债务企图侵占另一方财产的，在离婚分割夫妻共同财产时，对该方可以少分或者不分。**

所谓的"不分"，就可以理解为净身出户。

还要注意一点，转移财产是很多渣男或渣女离婚之前经常做的事情，无过错方可抓住对方的这一行为要求其净身出户。另外，还应该特别提醒大家，那就是渣男或渣女将婚后的共同财产"赠与"第三者，也属于"转移财产"。

【读法心得】

事实上，还有一种方式可以让对方净身出户，那就是过错方自愿放弃全部财产。但是在现实的案例中，越是这种人越不可能有此自觉。所以，自己的权益还是要自己去争取。

利用离婚冷静期拒绝离婚，给生活加点儿料

【案件缘由】

刘某与黄某于2015年登记结婚，婚后育有一子。共同生活期间，二人经常因为家庭琐事发生争吵。

2021年2月，二人再度爆发家庭矛盾。随着争吵的不断升级，二人决定离婚。第二天早上，二人便结伴来到当地的婚姻登记机关签订了离婚协议，申请离婚。

但是，由于《民法典》新规定了离婚夫妻要经过30天的冷静期之后才能领取离婚证，所以，二人当场并未离婚成功，只好回到家中。

在之后的一个月时间里，黄某依然确定要离婚。但刘某却不愿意再离婚，于是，他到婚姻登记机关撤销了离婚登记申请。如此一来，黄某的离婚计划便搁浅了。

黄某认为，如果想要继续离婚，就不得不走上诉讼离婚这条道路，需要得到法院的支持才可以离婚。

由于刘某执意不肯离婚，导致黄某的诉讼离婚走上了一条漫长道路，黄某因此深感苦恼。

【现身说法】

"离婚冷静期"，是一个新概念。《民法典》第一千零七十七条规定：**自婚姻登记机关收到离婚登记申请之日起三十日内，任何一方不愿意离婚的，可以向婚姻登记机关撤回离婚登记申请。前款规定期限届满后三十日内，双方应当亲自到婚姻登记机关申请发给离婚证；未申请的，视为撤回离婚登记申请。**

这条规定让离婚这件事的难度成倍增加，既防止了"激

/第1章/ 婚姻那些事儿
——以"新婚姻法"为依据,精准保障你的合法权益

情离婚"的发生,也使得一些执意要离婚的人难以如愿。在具体实践中,离婚冷静期为30天,之后,离婚双方需要在30天内到民政部门领取离婚证。在这60天时间里,如果没有领取离婚证,则被认为放弃离婚;如果有一方撤回离婚申请,也会被认为放弃离婚。此时,如果一方执意要离婚,就要重新走一遍离婚程序。

实际案例中,经常会出现这样的情况:在离婚冷静期,一方"冷静"下来,但另一方却怎么也不能"冷静",此时离婚冷静期的存在,就成为执意离婚者离婚道路上的一个阻碍。那么,有没有一种办法可以绕过离婚冷静期而快速离婚呢?答案是有的。执意离婚的人,可以通过法院调解实现快速离婚的目的。

我们要知道,所谓的离婚冷静期是针对协议离婚设置

的，诉讼离婚不需要经过离婚冷静期。《民法典》第一千零七十九条规定：**夫妻一方要求离婚的，可以由有关组织进行调解或者直接向人民法院提起离婚诉讼。人民法院审理离婚案件，应当进行调解；如果感情确已破裂，调解无效的，应当准予离婚。**

离婚起诉后，法院不会立即审理，而是先调解。调解的结果一般有三种：第一，双方和好，此时，法院会以当事人撤诉的结果处理。对于执意离婚的人，这种结果是不存在的。第二，双方仍然执意离婚，此时，法院会出具离婚调解书。这份调解书就具备了法律效力，即便没有领离婚证，在法律上，婚姻关系也算是解除了。第三，如果调解不成功，一方会走上诉讼程序。

【读法心得】

根据对大量现实案例的观察，可以总结出一个"规律"：如果一方执意离婚，另一方执意不离婚，最终走上诉讼这条路的话，那么在第一次诉讼离婚时，法院大概率不会支持离婚的诉求。这或许跟我们"宁拆一座庙，不毁一桩婚"的思维有关。

但如果再次上诉，法院支持离婚的概率就会上升。所以，大多数成功起诉离婚的案例，都是经过了两次或两次以上审理才最终尘埃落定。

/第2章/ 从未成年到成年

——孩子的健康成长,
  离不开"新儿童法"保驾护航

　　孩子代表着未来,是人类世界里最单纯美好的生命。但是,孩子在茁壮成长的过程中并不是一帆风顺的。因为孩子弱小、善良、天真等属性,总是会遇到各种各样的危险,所以,家长多学一点儿法律知识,就能让孩子在成长的道路上安全一点。

代孕，是有违人伦还是违反法律法规

【案件缘由】

郑某与妻子婚后育有两女。郑某还想要继续生育，但是妻子在两次分娩后已经难以再受孕，郑某因而萌生请人代孕的念头。

2016年，在朋友的介绍下，郑某与严某结识，并向严某表达了想请她代孕的想法。严某表示同意。

年底时，严某开始前期检查为代孕做准备。证明了严某有生育能力之后，郑某和严某签署了一份协议，约定：严某为郑某以试管婴儿的方式代孕，郑某需要支付严某"代孕金"35万元，分三次付清。另外，在代孕期间，郑某还将为严某提供每月3000元的生活费。

2017年5月，郑某按照协议约定，支付给严某第一笔代孕金8万元以及6个月的生活费18000元。同年9月，郑某又支付给严某第二笔代孕金9万元以及3个月的生活费9000元。

不久，郑某得知严某身怀双胞胎，但两个胎儿的性别都是女儿。此时，郑某有了反悔之心，他知道代孕在法律上是不被认可的,代孕合同也属于无效合同,因此,决定不仅不再支付代孕费用,还要求严某将之前已经支付的代孕费用返还回来。

严某拒绝了郑某。协商无果后,郑某将严某告上法庭。最终,法院审理后判决严某返还郑某5万元,驳回了郑某其余部分的诉讼请求。

【现身说法】

代孕合法吗?这个问题其实很复杂,实际上,法律并没有明文禁止代孕。如果按照"法无禁止即许可"的说法,代孕应该是合法行为。但很多现实案例的判决中,都会将"代孕"这一行为与"公序良俗"结合到一起,法院会认为代孕是一种违反公序良俗的行为,因而不予支持。

所谓公序良俗,指的是"公共秩序"和"善良风俗"。《民法典》第八条规定:**民事主体从事民事活动,不得违反法律,不得违背公序良俗。**

公序良俗,实际上是一个模糊性的民法原则,意思就是它虽然没有具体规定哪些事情可以做、哪些事情不能做,但是很多事情却可以装进这个"筐"里。所以,如果将代孕视为"违背公序良俗"的话,那么,意味着这一行为虽然不触犯刑法,但一定是违背民法的。

正因代孕不被法律所认可,所以在本案中,郑某和严某虽然签订了代孕合同，一个愿打一个愿挨，但法院最终却"部分支持"了郑某，帮助他从严某手中要回一部分代孕金。这是因为《民法典》第一百五十三条规定：**违反法律、行政法规的强制性规定的民事法律行为无效。但是，该强制性规定不导致该民事法律行为无效的除外。违背公序良俗的民事法律行为无效。**

这就是说，签订的合同只要违反了法律或者公序良俗，就可以视为无效合同。既然是无效合同，郑某自然有权推翻合同内容。所以，法院最终判决严某返还部分代孕金，也是基于法律的考量。

那么，郑某在要回部分代孕金之后，是不是就可以高枕无忧了呢？不是的。事实上，他的麻烦才刚刚开始。

第 2 章 从未成年到成年
——孩子的健康成长，离不开"新儿童法"保驾护航

首先，如果郑某要求严某堕胎，一旦严某在堕胎过程中出现任何意外，他就可能会因为对孕妇造成严重伤害而构成"故意伤害罪"。其次，如果孩子生下来之后，郑某没有行使抚养义务或丢弃婴儿，他也将构成犯罪。《民法典》第一千零七十一条规定：**不直接抚养非婚生子女的生父或者生母，应当负担未成年子女或者不能独立生活的成年子女的抚养费**。

郑某必须按照法律承担抚养孩子的义务。所以，虽然他不想要严某所怀的两个女孩，但是他依然要支付严某抚养费。

【读法心得】

本案例中，似乎没有受益者。郑某作为人品卑劣的"违法代孕发起者"，虽然最后挽回了部分经济损失，但是他依然有义务抚养两个孩子，这显然是他不愿意看到的结果；严某本来以为靠着代孕能赚到 35 万元，但最终因为对方的出尔反尔并没有实现预期目的。

这件事告诉我们一个道理：在违反法律的事件中，没有最终的受益者，参与其中的人都将付出代价。

弃养，在我国算不算重罪

【案件缘由】

2006年，白某与朱某相识并同居，过后产下一子。

几年之后，两人分手，白某与他人结婚，朱某独自抚养儿子。2018年，朱某遭遇一场严重的交通事故，造成瘫痪并失语，失去抚养孩子的能力。

2019年初，白某得知朱某将获得60万元交通事故赔偿款，遂与丈夫离婚，并与朱某结婚。结婚之后，她成为朱某和儿子的法定监护人，将赔偿款拿到自己手中。

拿到赔偿款后，白某并未履行监护义务，她常年居住在别人家中，对朱某和儿子不管不顾。朱某失去了劳动能力，赔偿款又被白某拿走，父子二人的生活极度困顿，全靠邻居救济才勉强过活。

2019年12月，朱某13岁的儿子将白某告上法庭，要求追究其母白某的刑事责任。法院经审理认为：白某对朱某和儿子有抚养的义务，但是她拒不抚养，情节恶劣，已经构成遗弃罪，判处其有期徒刑2年零6个月。

第2章 从未成年到成年
—— 孩子的健康成长，离不开"新儿童法"保驾护航

【现身说法】

《民法典》第一千零四十二条规定：**禁止包办、买卖婚姻和其他干涉婚姻自由的行为。禁止借婚姻索取财物。禁止重婚。禁止有配偶者与他人同居。禁止家庭暴力。禁止家庭成员间的虐待和遗弃。**

因此，像白某这种行为属于对家庭成员的遗弃，就是犯罪行为。

那么，如何鉴定一个人是否对家庭成员构成遗弃呢？要从以下几个方面着手。

首先是主观方面。行为人主观上明知道自己要履行抚养义务，却拒绝抚养，就构成了遗弃罪。本案中，最初白某未与朱某结婚时，对于13岁的儿子，她没有履行抚养和监护的义务，就构不成犯罪。但是，白某为了钱财与丈夫离婚，并与朱某结婚，白某、朱某和13岁的儿子就组建成一个法律意义上的家庭。此时，白某拒不履行抚养和监护的义务，就是典型的"主观上不履行义务"，属于犯罪行为。

其次，遗弃的主体必须是对被遗弃者负有法律上抚养义务并有抚养能力的人。在本案中，由于白某与朱某完成了登记结婚，白某不仅对自己的儿子有抚养义务，她对朱某也有抚养义务。白某本人身体健康，还拿了朱某的赔偿款60万元，因而具备抚养能力。

至于法院最终认定白某拒不抚养并情节恶劣，是因为她不仅没有履行抚养义务，还将朱某的赔偿款卷走，给朱某和他的儿子造成严重的身心损害。因此，法院对她的判决是完全合法的。

【读法心得】

人与禽兽的区别，就是人不能只顾私利而罔顾道义。

本案中的白某，其道德之败坏已经到了令人发指的程度。她为了 60 万元与丈夫离婚，与旧情人结婚。拿到朱某和儿子的"续命钱"后，她又一走了之，完全不把他人的生命放在眼里。幸好，这样的人有法律去制裁，白某以为自己可以拿着钱逃之夭夭，却不知监狱才是她的最终归宿。

自己的孩子可以卖？刑罚会让你后悔莫及

【案件缘由】

潘某于 2003 年未婚先孕，在怀孕期间，她曾扬言要把孩子生下来卖掉。后来，潘某分娩得一男婴，附近村民胡某得知后找到潘某，希望可以"买"下该男婴。最终，胡某和潘某协商之后，以 12000 元买下男婴。

/第2章/ 从未成年到成年
——孩子的健康成长，离不开"新儿童法"保驾护航

胡某先是给了潘某8000元就抱走孩子，但是剩余的4000元尾款却迟迟不愿支付。潘某很生气，就将胡某告上了法庭。

潘某本是原告，当检察机关得知其出卖亲生子女之后就提起公诉。法院认为，被告人潘某出卖亲生子女不履行抚养义务，情节非常恶劣，判处被告人潘某有期徒刑8个月，并追缴非法所得8000元。

【现身说法】

《民法典》第一千零四十四条规定：**禁止借收养名义买卖未成年人**。本案中，之所以会追究潘某的刑事责任，是因为她涉嫌拐卖儿童。没错，即便出卖的是自己的孩子也会按照拐卖儿童定罪。根据我国法律规定，以非法获利为目的，出卖亲生子女的应以拐卖妇女儿童罪处罚。按照《中华人民

共和国刑法》（以下简称《刑法》）第二百四十条规定：**拐卖妇女、儿童的，处五年以上十年以下有期徒刑，并处罚金；……情节特别严重的，处死刑，并没收财产**。所以，即便是自己的孩子，也不是你想怎么处理就能怎么处理的。

当然，法律并没有禁止将自己的孩子送给别人抚养。那么，如何界定送养和出卖呢？关键在于，行为人是否有非法获利的目的。一般来讲，有以下几种行为会被认为出卖亲生子女：

首先，将生育视为非法获利的手段，生育后立即出卖子女。本案中的潘某，明显就属于这一种人。其次，明知对方不具有抚养目的，或者根本不考虑对方是否具有抚养目的，为收取钱财将子女"送"给他人。最后，为收取明显不属于"营养费""感谢费"的巨额钱财，将子女"送"给他人以及其他具有非法获利目的的情况。

【读法心得】

在没有抚养能力的前提下，能不能将自己的孩子送给他人？答案是可以的，但本人绝不能从中谋取钱财。

法律之所以如此规定，主要是为了防止"生孩子"变成一门生意、一种产业。那样的话，女人的生育能力将成为一种"谋财手段"，增加妇女被剥削、压迫的可能。所以，这项法律规定在保护儿童权益的同时，也保护了妇女的权益。

/第2章/ 从未成年到成年
——孩子的健康成长，离不开"新儿童法"保驾护航

未满14周岁的孩子，触犯法律也有代价

【案件缘由】

2019年10月，14岁男孩蔡某将一个10岁的小女孩带到家中并欲与其发生性关系。女孩不从，蔡某一气之下将女孩杀害，然后抛尸于灌木丛。

受害者家属将蔡某一家告上法庭，法庭判决蔡某的监护人赔偿女孩父母各项费用共计128.6万元。随后，蔡某父母因拒绝履行法院判决被强制执行，但仍然拒绝配合法院。法院将蔡某父母依法拘留15天，并将其房屋进行拍卖。

蔡某父母此时才意识到自己的过错，他们登报道歉，表示愿意出售房屋用来赔偿。

【现身说法】

本案中，蔡某犯下了严重的杀人罪，但是根据《刑法》第十七条规定：**不满14周岁的人，不管实施何种危害社会的行为都不负刑事责任。已满14周岁不满16周岁的人，犯故意杀人、故意伤害致人重伤或者死亡、强奸、抢劫、贩卖毒品、放火、爆炸、投放危险物质罪的，应当负刑事责任。**

虽然14周岁以下的未成年人不会被追究刑事责任，但并不意味着他能够逍遥法外。《刑法》第十七条还规定：**因不满16周岁不予刑事处罚的，责令他的家长或者监护人加以管教，必要的时候，也可以由政府收容教养**。法律规定，对未成年人的危害行为可以追诉其行政责任，也就是说，犯罪人可能会面临收容管教、开除学籍等后果。一旦被学校开除，犯罪人正常接受教育的资格就会被剥夺，求学、就业都会受到严重影响。

《民法典》第一千一百八十八条规定了监护人责任：**无民事行为能力人、限制民事行为能力人造成他人损害的，由监护人承担侵权责任。监护人尽到监护职责的，可以减轻其侵权责任。有财产的无民事行为能力人、限制民事行为能力人造成他人损害的，从本人财产中支付赔偿费用；不足部分，**

第 2 章 从未成年到成年
—— 孩子的健康成长，离不开"新儿童法"保驾护航

由监护人赔偿。可见，未成年人犯罪，除了监护人要承担一定的责任外，他自己也需要承担一定的法律责任。虽然这种法律责任不会以刑罚的形式出现，但也足以毁掉他的一生。

【读法心得】

如何处理未成年人犯罪，尤其是严重犯罪，历来是社会上争论的热点。

有人认为，本着保护未成年人的原则，应该维持现行法律。也有人认为，现行法律对于未成年人严重犯罪的惩罚力度太低，这是对有犯罪行为的未成年人的纵容，也是对受害者的不公，所以提出"强制教养制度""修改法定刑事责任年龄"等建议。或许在不久的将来，未成年人犯罪将迎来更加严厉的处罚。

成年子女大学就读期间，父母是否必须支付抚养费

【案件缘由】

1995年9月，张某与刘某夫妇喜得一子。三年后，二人离婚，儿子由母亲刘某直接抚养。

最初几年，张某每月给刘某和儿子100元抚养费。2006

年，母子二人认为张某给的抚养费太少，便到法院起诉张某，要求其增加抚养费。

经过法院调解，双方达成协议：自2007年开始，张某每月须支付给刘某和儿子抚养费400元，并承担儿子今后教育费用的二分之一，直到儿子满18周岁为止。

2013年，儿子被重点大学录取，需要交纳入学费用8525元。张某以儿子已经年满18岁为由，拒绝支付教育费用。儿子将张某告上法庭，要求其继续支付一半的教育费用。

法庭审理后认为：对于成年子女，未直接抚养的一方只有承担其高中以下学历教育费用的义务。张某的儿子已经成年，因此，没有权利要求张某承担一半的教育费用。

【现身说法】

《民法典》第十八条规定：**成年人为完全民事行为能力人，可以独立实施民事法律行为。十六周岁以上的未成年人，以自己的劳动收入为主要生活来源的，视为完全民事行为能力人。**也就是说，当孩子年满18周岁之后，父母对其的抚养义务已经结束，所以，也就没有义务一定要给孩子支付高等教育的学费。

所谓凡事都有例外，以下两种情况，即便子女已经年满18周岁，父母依然要承担起抚养的义务。《民法典》第一千

第2章 从未成年到成年
——孩子的健康成长，离不开"新儿童法"保驾护航

零六十七条规定：**父母不履行抚养义务的，未成年子女或者不能独立生活的成年子女，有要求父母给付抚养费的权利。**

本案中，张某的儿子不属于以上两种情况。依照法律规定，已经成年并接受高等教育的子女，不能要求父母承担其接受高等教育的费用，除非父母自愿承担。

在本案的最后，张某表示自己愿意继续帮助儿子支付学费，只不过，希望双方能够在法庭之外私下协商。可见，天下绝大多数父母实际上是"情"大于"法"的，在现实生活中，孩子考上大学而父母拒绝支付学费的案例，少之又少。

【读法心得】

作为一个成年人，不应再理直气壮地把父母当成"提款机""免费劳动力"。

儿女应该知道，一旦成年之后，自己就要独立谋生。这时候，父母继续在经济上给你支持是一种莫大的恩情，即便他们不愿为你多花一分钱，也是合法的行为。所以，我们不要把父母对自己的爱视作理所当然。

夫妻离婚以后，一方为孩子改姓名有什么要求

【案件缘由】

陈某与傅某夫妻二人经过七年之痒，因为感情不和，最终离婚。他们的儿子，由母亲傅某抚养。

儿子原本姓陈，几年之后，傅某将儿子的名字改成傅某某。陈某知道这件事后很恼火，他找到傅某，要求把儿子的名字改回来。傅某却说："我是孩子的抚养人，孩子姓什么、叫什么都由我说了算，你凭什么说三道四？"

陈某则认为，儿子虽然归傅某抚养，但是自己多年来一直支付抚养费用，现在傅某未经自己同意就给孩子改名字，于情于理都说不过去。于是，他便威胁道："如果你不把孩子的名字改回来，我就不给你们抚养费了！"

二人协商无果，陈某便将傅某告上法庭。法院审理后认为：傅某在离婚之后未征得陈某同意，单方面为儿子改姓名的做法是不当的。但是，根据新婚姻法有关规定，子女可以随父姓或者母姓，所以傅某的行为并不违法，陈某只能通过协商解决此事。陈某如果因为儿子改名就拒绝支付抚养费则属于违法行为，应按法律有关规定予以强制执行。

/第2章/ 从未成年到成年
——孩子的健康成长,离不开"新儿童法"保驾护航

【现身说法】

本案中,双方离婚之后,一方未经另一方同意给孩子更改姓名的行为,被法庭认为是"不当行为",因为根据《公安部关于父母离婚后子女姓名变更有关问题的批复》,指出:**对于离婚双方未经协商或协商未达成一致意见而其中一方要求变更子女姓名的,公安机关可以拒绝受理。**

有人可能说了,想要给孩子改名字很简单,只要父亲或母亲一个人去派出所户籍科就可以办理了,所以,不需要征求对方的意见也能把孩子的名字改了。这种说法倒也没错,但是在《公安部关于父母离婚后子女姓名变更有关问题的批复》中还有这样一个规定:**对一方因向公安机关隐瞒离婚事实,而取得子女姓名变更的,若另一方要求恢复子女原姓名且离婚双方协商不成,公安机关应予恢复。**

这句话的意思是,如果某个人没有得到离婚另一方的同意,也没有向公安机关说明自己已经离婚的事实,即便是他把孩子的名字改了,只要另一方提出恢复孩子从前的名字,公安机关就会按照他的要求予以恢复。

【读法心得】

关于改名字这件事,最应该也最值得考虑的其实是孩子的意见。无论家长因为什么原因想要给孩子改名字,都要询问一下孩子的意见,看看他是否愿意修改自己的姓名。

或许在家长眼里,孩子的名字,只不过相当于自己"宣示主权"的代号;对于孩子来说,姓名是他的社交代码,与他在社会生活中的人格、地位紧密相连。

家长千万不要因为一个名字,对孩子造成难以弥补的心理伤害。

/第3章/ 老有法依

——年老孤凄，更要懂得
用"新老年法"呵护自己

　　老年人为社会、家庭奉献了自己的一生，他们的生活保障是国家的责任，是社会的责任，也是家庭的责任。但是，总有些人利字当头，当老人不能再为家庭创造利益的时候就被当成眼中钉，连最后的生活保障也想要夺去。

　　身为老年人，就要想办法、有办法保护自己，让自己度过安稳的晚年生活。

老人再婚，子女强行干涉是否违法

【案件缘由】

李大爷在不到 30 岁时，妻子因病去世，留下两个年幼的孩子。李大爷一直没有再婚，一方面，他担心自己再婚后，新妻子对两个孩子的态度问题；另一方面，经济压力压得他喘不过气来，暂时无暇考虑再婚的事。

一晃眼几十年过去了，李大爷已经退休了，两个子女早已成家立业。因为子女在别的城市工作，李大爷感到异常孤单，尤其是在公园里散步时看到一对对老夫老妻恩爱有加，更渴望能有个人陪陪自己。

恰好，有人给李大爷介绍了一个老伴。对方和他有相同的经历，性格也温柔随和，这令李大爷动了再婚的念头。

当李大爷将再婚的念头告诉子女后，不想却遭到激烈的反对。子女反对李大爷再婚的原因，主要有两个：一是财产继承的问题。李大爷名下有一套房产和若干存款，一旦李大爷去世，对方将会继承部分遗产。往更坏的方向想，他们担心李大爷会立下遗嘱，将遗产全部给再婚妻子。二是加重了他们的经济负担。目前，两个子女每个月都会给李大爷生

第3章 老有法依
——年老孤凄，更要懂得用"新老年法"呵护自己

活费，一旦李大爷再婚，生活费必会翻倍。

子女为防止李大爷再婚，不仅没收了李大爷的身份证、户口本，还跟亲朋好友、街坊邻居打招呼，不准再为李大爷介绍对象。

对此，李大爷非常委屈，他觉得自己将人生中最美好的年华都给了子女，到老了还不能为自己而活。他很想知道，子女是否有权利干涉父母再婚？子女强行干涉老人再婚的行为是否违法？他打算用法律的武器改变现状。

【现身说法】

当下社会，老年人再婚的事例很多，遭到子女反对的理由也是各种各样。那么，子女是否有权利干涉父母再婚呢？答案是，没有权利，而且属于违法行为。

我国主张婚姻自由，不论是新婚还是再婚，每个人都有

自主决定婚姻的权利，不受他人干涉。老年人选择再婚，是他在行使自己的合法权益，即使作为直系亲属的子女也无权干涉。一旦干涉，就属于违法行为。

对此，《民法典》第一千零六十九条有明确规定：**子女应当尊重父母的婚姻权利，不得干涉父母离婚、再婚以及婚后的生活。子女对父母的赡养义务，不因父母的婚姻关系变化而终止。**

本案中，子女扣留李大爷身份证、户口本的行为，严重侵犯了李大爷婚姻自由的权益。如果李大爷向有关部门求助或是向人民法院起诉，就能维护自己婚姻自由的权利。

【读法心得】

虽然法律能够保障老年人再婚的权益，也能勒令子女强制履行赡养的义务，但是，一旦闹到对簿公堂的地步，老人跟子女之间的关系将会出现一道裂痕。所以，不到万不得已的地步，不建议老人用法律来维护自己再婚的权利。

子女反对父母再婚是有原因的，如果能从根本上解决子女的顾虑，他们还有什么理由反对呢？

本案中，子女反对李大爷再婚是担心财产继承和赡养费的问题。如果李大爷在再婚前处理好财产分配问题，给出减轻子女经济负担的方案，他的再婚之路会顺畅很多。

第3章 老有法依
——年老孤凄，更要懂得用"新老年法"呵护自己

再婚老人，对方子女对自己是否具有赡养义务

【案件缘由】

林阿姨今年63岁，老伴因病去世好几年了，经人介绍和65岁的陈大爷再婚了。不过，婚后的生活并没有她想象的那么美好，她每天都处在烦恼之中。

林阿姨有一个儿子，每个月会固定给她生活费，虽然钱不多，也能令她衣食无忧。就在上个月，她的儿子突然将生活费减半。她以为儿子遇到了经济困难，担心之余询问儿子出了什么状况，哪想到，儿子是故意扣掉她一半的生活费。

林阿姨气愤地质问儿子，为什么要这么做。儿子对她说，她再婚了，再婚对象的两个子女也应该赡养她，并让她找对方子女要生活费。

对于儿子的说辞，林阿姨觉得有道理，她认为自己和陈大爷结婚了，名义上就是对方子女的母亲，对方子女应该有赡养她的义务。

当林阿姨向对方子女要生活费时却遭到了拒绝，闹得很不愉快。对方子女对林阿姨说，她没有抚养过他们，没有在他们身上花一分钱，他们也没有义务要支付她赡养费。

这段时间，林阿姨烦恼极了。她非常想知道，老人再婚，对方子女是否对自己有赡养义务。为此，她特地咨询了律师。律师给她的答案是，继子女对她没有赡养义务。

【现身说法】

再婚，意味着从两个家庭变成一个大家庭，也将与对方子女形成继父母和继子女的关系。但是，老人再婚后与继子女的关系，具体分为两种类型。

第一种类型为名分型。即生父母和继父母再婚时，继子女已经成年并且独立生活，或者是没有成年，但是抚养费由生父母提供，继父母不提供。那么，继子女与继父母仅仅是名分上的关系。

第二种类型是共同生活型。即生父母与继父母再婚时，继父母也承担了继子女的抚养费，那么，继父母和继子女将形成抚养教育的关系，不再仅仅是名分上的关系。

根据这两种类型可以明确得出，继子女对继父母是否有赡养义务。如果继父母和继子女是名分型关系，继子女对继父母是没有赡养义务的；如果继父母和继子女是共同生活型，继子女对继父母具有赡养义务。

本案中，林阿姨与陈大爷结婚时，彼此的子女已经成年且已独立生活。所以，林阿姨与对方子女的关系为名分型，对方子女是不用向林阿姨履行赡养义务的，林阿姨也没有权

第3章 老有法依
—— 年老孤凄，更要懂得用"新老年运"呵护自己

利要求对方子女履行赡养义务。

【读法心得】

本案中，虽然林阿姨没有权利要求对方子女赡养自己，但有权利要求自己的子女赡养自己。法律规定了成年子女对父母负有赡养、扶助和保护的义务，《民法典》第一千零六十七条规定：**成年子女不履行赡养义务的，缺乏劳动能力或者生活困难的父母，有要求成年子女给付赡养费的权利。**所以，子女对父母的赡养义务，不会因为父母再婚而发生改变或终止。相对应，老人在子女成年时再婚，继子女也不能享有继父母的遗产继承权。

子女好逸恶劳，老人可以拒绝"啃老"

【案件缘由】

2014年5月，家住杭州的王阿姨孤身一人去了律师事务所，她要起诉儿子。这究竟是怎么一回事呢？

王阿姨今年60多岁，但看上去比同龄人老很多。这是因为，在别人舒心养老时，她还要为生活而奔波。

王阿姨年轻时丈夫因病去世，她独自抚养儿子长大。当

儿子大学毕业可以找工作时，她松了一大口气，觉得肩膀上的担子能轻点了。但让她想不到的是，儿子的第一份工作干了不到一个月就辞职了，理由是公司的同事不好相处。

尽管王阿姨很无奈，但还是照顾儿子的吃喝。不过，王阿姨也清楚这样下去是不行的，就不停催促儿子出去重新找工作。这时候，儿子还愿意听王阿姨的话，就出去找了份工作，只是没干几天又辞职了，理由是工作太累。

之后，王阿姨的儿子便一直赖在家里，无论王阿姨怎么劝，他就是不愿意出去工作。就这样，一晃眼10年过去了，王阿姨也60多岁了。

王阿姨说，如果儿子只有吃喝的需求，她还不至于去法院起诉，主要是儿子迷上了直播，尤其喜欢给女主播打赏，而打赏的钱都是从她这儿要来的。

在王阿姨拒绝给儿子钱时，儿子会进入她的房间撬开柜子偷钱；还偷走他知道密码的银行卡，去自动取款机里取钱。就在最近，儿子打起他们住房的主意，想要卖掉。

在争吵中，王阿姨说要报警，而儿子告诉她报警没用，因为清官难断家务事。

无奈之下，王阿姨去了律师事务所寻求帮助。她很想知道，子女好逸恶劳，家长是否有拒绝"啃老"的权利。律师告诉王阿姨，家长是有权利拒绝子女"啃老"的。

第3章 老有法依
——年老孤凄,更要懂得用"新老年法"呵护自己

【现身说法】

在我国,"啃老"是一个普遍存在的问题,这跟父母与孩子的相处模式、对孩子的教育方式等息息相关。因为绝大多数父母在供完孩子读完书后,还会尽自己所能给孩子买房、筹备婚礼,甚至出钱补贴孩子的小家庭。这些都使得很多年轻人察觉不到自己的"啃老"行为,或是认为"啃老"没什么大不了。殊不知,"啃老"也是一种违法行为。

我国法律明确规定,成年子女对父母有赡养义务。"啃老"属于不履行赡养义务的行为,是违法的。

我国各省市出台的《老年人权益保障规定》中也明确指出,老人可以拒绝有独立生活能力子女的"啃老"行为,也有相关条例保障老人行使权利。一旦违反条例,侵害到老年人的合法权益,会受到行为人所在单位、基层群众性自治组织或老年人组织给予的批评教育;当侵害行为构成犯罪的,

比如窃取、骗取、强行索要老年人的储蓄金、养老金、退休金、政府补贴等其他财产，不但会受到治安管理处罚，还会承担刑事责任。

本案中，王阿姨有权利拒绝儿子"啃老"，并且对儿子偷窃其储蓄金的行为可以追究刑事责任。

【读法心得】

在当今社会，子女"啃老"行为分为以下几种情况。

第一种是父母从小无原则地溺爱孩子，致使孩子缺乏独立的能力。当孩子成年后会自然而然地去"啃老"，而父母对于孩子"啃老"的行为不以为耻，无形中更助长了孩子的"啃老"行为。

第二种是子女创业，需要父母给予经济上的帮助，不得不去"啃老"；或是因为能力不强、时运不济，创业失败而暂时"啃老"。

第三种是年轻人好逸恶劳，缺乏道德和法制观念，以恶劣和粗暴的态度去"啃老"。

无论是哪种情况，一旦闹上法庭，老人的权益虽然得到了保障，但是跟子女的关系将会恶化。所以，为防止子女无底线地"啃老"，父母要从根本上掐断子女"啃老"的思想观念。

子女强占父母房产,父母维权有方法

【案件缘由】

2020年3月的一天,南京的钱阿姨家中来了一群不速之客——几个壮汉闯入钱阿姨家中,一股脑儿地将她与老伴的私人物品往外搬。

钱阿姨既害怕又焦急,忙问他们要干吗?一个壮汉说他们是来收房子的,并催促钱阿姨夫妻俩立马搬出去。

原来,钱阿姨的儿子创业失败,欠下不少外债,走投无路之下想到父母名下有一套房产。他没有通知父母就擅自将房子抵押给债主,这才有了债主带人来家里收房子的一幕。

这套房子,是钱阿姨和老伴唯一的容身之所,无论如何他们都不会搬出去。所以,钱阿姨当时就要报警,几个壮汉才离开了。

但让钱阿姨苦恼的是,这些人天天来打扰他们。钱阿姨找那些人理论,说房子是她名下的,她的儿子没有权利处置房产。但债主不那么认为,他觉得子女对父母的财产享有继承权,有权处置父母的房产。

钱阿姨自己也弄不清楚,就向律师寻求帮助。

律师明确指出，子女是没有权利抢占父母房产的。如果他人在子女的授意下强占父母的房产，可以报警处理，也可以向法院提起诉讼。后来，钱阿姨用法律的武器捍卫了自己名下房产的自主权。

【现身说法】

无论是老人还是子女，都会有"老人死后，房产由子女继承"的思想观念。这种思想观念，也使老人和子女有了"老人在世，子女也有权处理父母房产的权利"的认知。事实上，这种认知是错误的，子女没有权利处置父母名下的房产，而且强占父母房产的行为是违法的，会受到法律的制裁。

《民法典》第二百四十条明确规定：**所有权人对自己的不动产或者动产，依法享有占有、使用、收益、处分的权利**。房子属于不动产，如果是在父母名下，父母则享有处置房子的权利，子女没有权利处置房子。

同时，《民法典》第一千一百六十五条规定：**行为人因过错侵害他人民事权益造成损害的，应当承担侵权责任**。我国公民享有的民事权益有很多，如所有权、财产权益等。如果父母享有房产的所有权和财产权益，子女强占房产的行为就是在侵害父母的所有权、财产权益，会受到法律的惩处。

现实生活中，如果发生了子女强占父母财产的情况，老人最直接的维权方法是向法院提起诉讼。

第3章 老有法依
——年老孤凄，更要懂得用"新老年法"呵护自己

【读法心得】

面对子女强占父母房产的行为时，很多老人会顾虑，如果自己不将房产过户给子女，子女是不是有权拒绝赡养义务呢？其实，这样的顾虑大可不必。

我国法律明确规定了子女对父母有赡养、扶助的义务，如果子女不履行赡养老人的义务，老人可以向法院提起诉讼，法院会强制要求子女履行赡养老人的义务。

《民法典》第一千一百六十七条规定：**侵权行为危及他人人身、财产安全的，被侵权人有权请求侵权人承担停止侵害、排除妨碍、消除危险等侵权责任。**所以，子女为没有能够强占父母的房产而心生怨恨，对父母实施冷暴力，父母有权向法院起诉，要求子女承担相应的民事责任和刑事责任。

老人遭受子女、儿媳、女婿虐待，怎样合法维权

【案件缘由】

2011年6月，黑龙江省某个小村庄内发生了一起骇人听闻的虐待老人事件。受害老人为吴老汉，施虐者是吴老汉的儿子吴某。

吴老汉今年68岁，儿子吴某常年在外打工，儿媳留在家中照顾吴老汉和自己的一双儿女。

临近春节时，吴某回到老家过年，却听到了一些风言风语，大致是说父亲和他的妻子有染。吴某是个暴躁性子，为了弄清楚真相，他对亲生父亲以酷刑逼供。

吴某用绳子绑住吴老汉，将烧红的烙铁烫在吴老汉身上。吴老汉对于自己没有做过的事坚决不承认，他忍受着儿子施加的酷刑。吴某见吴老汉嘴硬，遂又将牙签扎进父亲的手指中。

这场酷刑长达8个多小时，直到吴某的小女儿发现了父亲的行径并及时通知村干部，这场酷刑才得以结束。

与吴老汉有相同遭遇的，还有家住东莞的孙阿姨，而对孙阿姨施虐的是女婿郑某。孙阿姨今年70岁，年轻时出了一场车祸，命虽保住了却瘫痪在床。这么多年来，是她的老伴在照顾她。不久前老伴去世，她女儿将她接到身边照顾。

孙阿姨的女儿很忙，绝大多数是女婿在照顾她。刚开始时，女婿对她还算尽心，但时间一长就横鼻子、竖眼睛起来，不是对她冷嘲热讽，就是不给她吃饭喝水。

这让孙阿姨产生了轻生的念头，但好在女儿发现及时。

在这两起虐待老人的事件中，吴老汉报警处理，儿子吴某被判处有期徒刑3年；孙阿姨的女婿，则被当地居委会批评教育。

第3章 老有法依
——年老孤凄，更要懂得用"新老年法"呵护自己

【现身说法】

虐待罪通常发生在共同生活的家庭成员中，虐待的手段包括经常性的打骂、捆绑、冻饿、限制人身自由、凌辱人格、强迫过度劳动、不给治病等，可总结为从肉体和精神上进行摧残伤害。

根据我国相关法律规定，家庭成员的构成情况分为四种：第一种是由婚姻关系形成的最初的家庭成员，即丈夫和妻子、公婆和儿媳、岳父母和女婿。第二种是由血缘关系形成的家庭成员。这里包含两类，一类是直系血缘，如父母、子女、祖父母、外祖父母、孙子女、外孙子女等；另一类是旁系血缘，如叔、伯、姨、舅等。第三种是由收养关系形成的家庭成员，即养父母与养子女。第四种是既区别于血缘关系、收养关系，又区别于婚姻关系的家庭成员。比如，一名孤寡老人被好心夫妻领回家照顾，老人和好心夫妻就是共同生活的家庭成员。

当老人遭受到子女、儿媳、女婿的虐待时，其子女、儿媳、女婿将会犯下虐待罪。那么，老人该如何合法维权呢？

《刑法》第二百六十条规定：**虐待家庭成员，情节恶劣的，处二年以下有期徒刑、拘役或管制；犯前款罪，致使被害人重伤、死亡的，处二年以上七年以下有期徒刑。**《刑法》第二百六十一条规定：**对于年老、年幼、患病或者其他没有**

独立生活能力的人，负有扶养义务而拒绝扶养，情节恶劣的，处五年以下有期徒刑、拘役或者管制。

本案中，吴某致使吴老汉重伤，所以，他被判处三年有期徒刑；孙阿姨的女婿情节较轻，所以，他只受到相关组织的批评教育。

【读法心得】

老年人遭受到家庭成员的虐待时，该如何保护自己呢？《中华人民共和国老年人权益保障法》（以下简称《老年人权益保障法》）规定：**老年人可以向子女所在组织或当地居委会要求调解，也可以直接向人民法院提起诉讼。**

对于施虐手段较轻的，可以告知该家庭成员所在单位或是当地的居委会，让其所在单位和居委会进行调解或批评教

/第3章/ 老有法依
——年老孤凄，更要懂得用"新老年法"呵护自己

育；对于施虐手段较重的，可以向法院提起诉讼，要求施虐的家庭成员承担民事责任、刑事责任。所以，当遭受到来自家庭成员的虐待时，不要想着息事宁人，应该勇敢地站出来用法律武器来保护自己。

收养关系终止，养子女是否对老人还有赡养义务

【案件缘由】

林某和妻子薛某一直没有自己的孩子，就前往孤儿院收养了小女孩芸芸。芸芸乖巧可爱，夫妻俩对芸芸极好。

林某和薛某省吃俭用，从小就给芸芸提供最好的教育条件。芸芸也不负所望，考取了一所重点大学。在上学期间，芸芸展开了自己的第一段恋情，并打算一毕业就结婚。当芸芸将自己的想法告知养父母后，遭到两人严厉地拒绝。

林某和薛某认为，芸芸所谈男朋友的前途未知，他们不能拿孩子的婚姻大事开玩笑。芸芸跟养父母反抗过、争吵过，最终还是跟男朋友分手了。

芸芸大学毕业后，在养父母的牵线下，她和蔡某结婚了。但芸芸婚后的生活一点儿也不幸福，平日里尽是争吵，这段婚姻没有持续一年就以离婚而告终。

这时候，芸芸恨上了自己的养父母，她认为自己不幸的婚姻是养父母造成的。经过数次激烈的矛盾冲突后，她向养父母提出解除收养关系。

林某和薛某尽管很伤心，但还是同意了芸芸的提议，前提是芸芸要支付他们一笔抚养费。芸芸同意了，双方签订解除收养关系的协议后，自此不相往来。

事情发展到这里并没有结束。2019年，林某突然中风瘫痪在床，妻子薛某的身体也不好，两个老人走投无路之下联系了芸芸，希望芸芸能够履行赡养的义务。

对此，芸芸拒绝了，她认为自己与养父母已经终止了收养关系，她可以不再履行赡养父母的义务。

双方经过多次商谈，在得不出结果的情况下，林某和薛某到法院起诉了芸芸，要求芸芸履行赡养的义务。法院经审理后认为，虽然双方解除了收养关系，但芸芸还是要履行赡养义务，判令芸芸每月支付养父母600元生活费。

【现身说法】

我国法律规定，当养父母对养子女尽到抚养的义务，养子女就要履行对养父母的赡养义务；当养父母没有对养子女尽到抚养的义务，如收养子女时，养子女已经成年，养子女就不需要对养父母履行赡养的义务。但从道德层面来说，是支持养子女履行赡养义务的。

/第3章/ 老有法依
——年老孤凄，更要懂得用"新老年法"呵护自己

本案中，林某和薛某收养芸芸时她还未成年，所以，林某和薛某尽到了抚养的义务，芸芸也有履行赡养父母的义务。但是，当养父母与养子女解除收养关系后，养子女对老人还有赡养的义务吗？

《民法典》第一千一百一十八条规定：**收养关系解除后，经养父母抚养的成年养子女，对缺乏劳动能力又缺乏生活来源的养父母，应当给付生活费。因养子女成年后虐待、遗弃养父母而解除收养关系的，养父母可以要求养子女补偿收养期间支出的抚养费**。本案中，芸芸与养父母虽然解除了收养关系，但是其养父母缺乏劳动力也没有生活来源，所以，芸芸需要支付养父母生活费，履行赡养的义务。

【读法心得】

当收养关系终止，出现以下两种情况时，养子女可以不用履行对养父母的赡养义务。第一种情况是，生父母要求解除养子女与养父母之间的收养关系，养子女不用对养父母履行赡养义务，但养父母可以要求生父母补偿收养期间的抚养费、教育费等。第二种情况是，当养子女遭受到养父母的虐待、遗弃时，养子女可以要求解除收养关系，并且可以不履行对养父母的赡养义务。

/第4章/ 职场风险提示

——通晓现行职业法律常识,
依法工作才能劳有所值

《劳动法》是劳动者保障自身权益、依法获取报酬的重要法律根据。从入职前的面试,到入职后的试用期、正式员工期乃至离职期,《劳动法》都做了详细的规定,确保每一个劳动者在任何劳动阶段都有法律条文为其保驾护航。

试用期就比别人地位低？试用期也不可以随意解聘

【案件缘由】

2017年8月，李明作为一名程序员入职一家电子商务公司，从事后台程序开发工作。双方签订的劳动合同期限是一年，工资每月8000元，缴纳五险一金，试用期为三个月。

李明上班后，就参加了新员工入职培训。该培训持续了半个月后，公司组织培训人员考试。考试结果并没有马上公布，李明在一个月后才收到人事部的通知：公司认为李明在试用期间考核评定不合格，仅有57分。在《员工试用考核表》上，李明的部门负责人给出的意见是："该员工按时出勤，较好遵守规章制度，努力适应新的工作环境，但专业知识、能力与岗位匹配度不高，工作质量不符合要求。"

9月29日，公司以李明试用期评估不合格为由发出解聘通知，并将《解除劳动合同通知书》给了李明。在此期间，公司并没有支付李明9月份的工资。

李明不服公司的单方面决定，认为公司的处理方式是违法的，不仅应该支付9月份的工资，还需要额外支付一笔经济补偿金。双方就此发生劳动争议，李明就向当地劳动人事仲裁委员会提交了仲裁申请，要求公司支付16000元，其中包括9月份的工资8000元以及经济补偿金8000元。

劳动仲裁委员会经过审理后决定，李明所在公司应向其一次性支付工资7233.1元和经济补偿金4000元。对于这个结果，双方都不满意，便起诉至法院。

法院审理过程中，公司给出的理由是，李明没有达到公司试用期考核标准，故而辞退，解除劳动合同也是合法的，不应该支付经济补偿金。李明则认为，公司此前从未告知自己录用条件以及考核标准，凭着公司的主观判断就将其辞退属于违法行为。

法院审理后认为，李明虽然接受了试用期考核，但他表示自己并未知晓考核标准以及录用条件，公司也没有证据证明自己确实告知了李明考核标准与录用条件。因此，法院一审判决，公司解雇李明属于违法行为，应当予以两倍经济补偿金赔偿。因为李明在该公司工作不满半年，赔偿标准是每月工资的一半，总共应当赔偿8000元。

公司不服一审判决，坚持上诉。法院经过二审审议认为，电子商务公司并不能提供证据证明自己确实告知李明考核标准与录用条件，因此维持原判。

【现身说法】

《中华人民共和国劳动争议调解仲裁法》（以下简称《劳

第4章 职场风险提示
——通晓现行职业法律常识，依法工作才能劳有所值

动争议调解仲裁法》）规定：**发生劳动争议，当事人对自己提出的主张，有责任提供证据**。本案中，电子商务公司虽然在员工入职和试用期管理上已经较为规范，但是漏掉了告知员工考核标准与录用条件这一项，因此没有权利随便解雇员工。

试用期间的员工和正式员工一样，享有对公司规章制度的知情权，跟正式员工在地位上是平等的。如需解雇，公司需要提供充足的理由和证据。

因此，在跟公司 HR 或者相关负责人打交道的过程中，要想最大限度地维护自己的权益，就应该学会保留证据。这样，如果双方不满仲裁调解诉至法院的时候，才能为自己争取更大的利益。

【读法心得】

很多人在被公司告知"试用期考核不符合公司录用标准"或者"工作能力达不到公司要求"的时候，往往自认倒霉，拿了当月工资就收拾东西走人。

但工作能力是否达标、试用期考核是否符合公司标准，不能全凭公司自己说了算。换言之，公司没有权利对你的工作能力执行"最终解释权"，除非提前明文告知你具体的录用标准或者要求，否则，公司的解雇行为就是违法的。

劳动合同何时签,逾期可获怎样的工资赔偿

【案件缘由】

案例1:

2018年6月1日,王涛入职一家科技有限公司,每月的基本工资为5000元,试用期两个月。

为保证新员工尽快上岗,公司给王涛提供了为期一个月的入职培训。7月份的时候,王涛6月份的工资迟迟没有发放,公司也没有与他签订劳动合同。对此,公司给出的理由是培训期间员工没有正式工作,没有给公司创造任何收益,况且双方尚未签订劳动合同,当然没有工资。

王涛觉得有道理,没有说什么。到了9月30号,他突然收到公司的解雇通知书。公司表示他的工作能力不达标,且迟迟未提交体检表,这是王涛自己的问题,与公司无关。于是,王涛拿了三个月的工资离开了公司。

案例2:

刘玲于2015年4月16日入职一家网络科技公司担任程序员一职,双方签订了为期两年的书面劳动合同,约定刘玲

的工资是每月 8500 元。

合同到期之后,因为刘玲的工作出色,公司继续聘用她,但双方并未续签劳动合同。

2018 年 10 月 22 日,刘玲以调岗降薪为由向公司提交辞呈,随后向当地劳动仲裁委员会提交了仲裁申请,要求公司支付 2017 年 4 月 16 日到 2018 年 10 月 22 日未签订劳动合同的工资 153000 元。

公司提出上诉,认为刘玲要求支付的两倍工资已经超过一年时效,但该辩解被劳动仲裁委员会驳回。最终,公司依法向刘玲支付工资差额 93500 元。

【现身说法】

《中华人民共和国劳动合同法》(以下简称《劳动合同法》)第七条规定:**用人单位自用工之日起即与劳动者建立劳动关系**。因此,在案例(1)中,无论王涛是在培训期还是在试用期,都不会影响他与公司建立劳动关系的事实。

《劳动合同法》第八十二条规定:**用人单位自用工之日起超过一个月不满一年未与劳动者订立书面劳动合同的,应当向劳动者每月支付二倍的工资**。王涛工作四个月后无故被公司辞退,公司应当支付经济补偿金。而且,公司没有提前30 天以书面形式通知王涛,还应当额外补偿一个月的工资。

因此,王涛除了6月份的工资没有收到外,公司还应当向他支付三个月的双倍工资、解除劳动合同代通知金的一个月工资,以及半个月的经济补偿金。

《劳动争议调解仲裁法》第二十七条规定:**劳动争议申请仲裁的时效期间为一年,仲裁时效期间从当事人知道或应当知道其权利被侵害之日起算起**。在案例(2)中,公司应当在2017年4月16日到2017年5月15日与刘玲续签劳动合同。2018年4月15日是刘玲两倍工资差额计算的最终日期,因此,该案件的仲裁时效期间应当从当日开始计算,故公司的辩解理由不成立。

【读法心得】

现在,很多公司打着这样的如意算盘:先把人招进来,培训一个月，试用三个月，试用期结束就解雇。这样算起来，员工工作了四个月，只需支付三个月的试用期工资。一批员工走了，再招下一批，可以极大地降低人力成本。碰到员工来闹，就说第一个月是培训不算正式工作，况且也没有签订劳动合同，不用支付工资。

这样的如意算盘打得响，可是只要碰到懂法的人，公司就会偷鸡不成蚀把米。案例（1）中，王涛就是吃了不懂法的亏，只要他了解相关的法律知识，公司就得支付他双倍工资加赔偿金。

没有签订劳动合同的工资是双倍发放的，这不仅仅是刚入职的时候有效，就算合同到期，没有续签却继续工作的同样有效。因此，懂法可以保证自己的权益不受侵害。

不缴纳社保打折变现工资，到底合不合适

【案件缘由】

2008年，大壮跟随同村的朋友进城务工，在一家皮革厂担任保安，每月工资1800元。

然而，虽然双方劳动合同上约定的每月工资是1800元，但每月到手的工资要比这个数少一两百元。大壮很是不解，

自己每日兢兢业业按时上下班，有时甚至睡在值班室并没有迟到早退的现象，为什么工厂要扣钱呢？

  大壮就去找单位安保的相关负责人老刘问个明白。老刘告诉他，这些钱是单位帮他缴纳社保的，是国家规定必须缴纳的项目。大壮仍不理解，自己起早贪黑就是为了多赚点钱，家里也急需用钱，自己的工资本来就不多，现在还要拿出一部分缴纳社保，实在心疼。他问老刘有没有办法不用缴纳社保，把钱直接发给他。

  社保不是全部由员工个人缴纳的，单位为员工缴纳其中大部分，如果把社保停了，单位能节省一部分资金。经过考量，老刘让大壮签订一份《个人不交社保承诺书》。该承诺书明确规定：大壮放弃缴纳社保完全属于个人自愿，由此导致的一切后果由本人承担，所在单位不为此负责任何损失与法律责任，即签订之日起生效。

  几个月后，该皮革厂不为员工缴纳社保的事情被当地监察部门发现，被责令立即补交未缴纳的社保费用，并支付相应的罚款。

【现身说法】

  《中华人民共和国社会保险法》第二条规定：**国家建立基本养老保险、基本医疗保险、工伤保险、失业保险、生育保险等社会保险制度，保障公民在养老、疾病、工伤、失业、**

第 4 章 / 职场风险提示
—— 通晓现行职业法律常识，依法工作才能劳有所值

生育等情况下依法从国家和社会获得物质帮助的权利。这五险是公民基本的合法权益，任何情况下都不能被剥夺。

其第八十四条规定：**用人单位不办理社会保险登记的，由社会保险行政部门责令限期改正；逾期不改正的，对用人单位处应缴社会保险费数额一倍以上三倍以下的罚款，对其直接负责的主管人员和其他直接责任人员处五百元以上三千元以下的罚款**。本案例中，该皮革厂因为没有为员工缴纳社保而受罚，老刘作为主管人员也因此被处以罚款。

虽然不缴纳社保是大壮的自愿行为，但就法律来讲，缴纳社保跟员工的主观意愿没有关系。无论是公司不为员工缴纳社保，还是员工主动提出不缴纳，本质上都是违法的。

因此，大壮签订的《个人不交社保承诺书》是没有法律效力的。

【读法心得】

劳动者收到工资的时候,确实会发现比约定的工资要少,这时候,他们就会用"扣社保"来描述少掉的部分。

其实,这是一个误解。虽然劳动者直观地感受到每个月到手的工资少了几百元,但这些钱并不是被"扣掉"了,而是从个人的工资账户转移到社保账户,依然是自己的,只不过存在形式发生了变化。

另外,社保不是由员工本人全部缴纳,公司要为员工缴纳大部分。

社保是一个人的基本保障,是国家为了提高公民应对风险而设置的制度。因此,从根上来说,缴纳社保对员工来讲肯定是有利无害的。

单位强制"996"工作制,可以不接受吗

【案件缘由】

刘通是一名程序员,2016年6月,他入职了一家互联网公司,从事应用软件开发工作。双方签订的劳动合同时长为三年,工资每月12000元,上班时间为早上9点到晚上9

第4章 职场风险提示
——通晓现行职业法律常识，依法工作才能劳有所值

点，每周工作6天，从周一到周六，周日为休息日。

从2016年7月1日起，扣除午饭和晚饭时间，刘通每日工作10小时，每周工作6天。除了每月工资外，他未收到过任何加班费。

2018年2月15日，刘通向当地劳动仲裁委员会申请了劳动仲裁，要求公司支付这两年的延时加班费和周六加班费。劳动仲裁委员会支持了刘通的这一诉求，然而，公司并不服气，并将刘通起诉到了法院。

公司认为，双方在签订劳动合同时已经约定了工作时间，每月工资已经包括全部的工作报酬，刘通没有理由再额外索要加班费。而且，刘通既然已经签订了劳动合同，就应该视为自愿接受公司这样的时间安排。

庭审中，针对公司的说辞，刘通并不认同。他认为签订了劳动合同不代表自己接受这样的工作时间安排。再退一步说，公司无论如何也不能剥夺员工索要加班费的权利。

为了证明自己确实加了班，刘通提交了自己的考勤记录。考勤记录中显示，刘通每日上班打卡时间为早上9点，下班打卡时间通常在晚上9点以后，每周有6天的打卡记录，偶尔一周全勤，并无轮休。

看完刘通提供的相关材料证据，法院认为刘通加班事实存在，因为他的实际工作时间超出法定工作时间。公司理应按照加班事实向刘通支付足额的加班费。

由于公司无法列举已经支付加班费的相关证据，法院最终判刘通胜诉。

【现身说法】

《中华人民共和国劳动法》（以下简称《劳动法》）第三十六条规定：**国家实行劳动者每日工作时间不超过八小时、平均每周工作时间不超过四十四小时的工时制度。**在我国的法律框架中，将工时制度分为三类，分别是标准工时制、综合计算工时制和不定时工作制。

所谓标准工时制，是指正常情况下一般职工从事工作的时间制度，也就是每天不得超过八小时的工时制。后两种工时制，在当地劳动行政部门依法审批之后才能合法实施。但无论采用什么工时制，都必须遵守上述劳动法条款的规定。

因此，在上述案例中，无论公司采用哪种工时制，也不管公司和刘通在劳动合同中约定了怎样的工时条款，只要实行"996"工作制度就构成了加班事实，需要足额支付加班费。

对于加班费的支付标准，《劳动法》第四十四条做了明确规定：有下列情形之一的，用人单位应当按照下列标准支付高于劳动者正常工作时间工资的工资报酬：（一）安排劳动者延长工作时间的，支付不低于工资的百分之一百五十的工资报酬；（二）休息日安排劳动者工作又不能安排补休的，支付不低于工资的百分之二百的工资报酬；（三）法定休假日安排劳动者工作的,支付不低于工资的百分之三百的工资报酬。

因此,刘通的工作日加班费应该是工资的 1.5 倍,周末的加班费是工资的两倍。

因此,当我们拒绝公司强迫性的"996"工作制度时,要么明确表示不接受这样的工作时间安排,要么要求公司足额支付加班费。

【读法心得】

近两年来,"996"工作制一次又一次引起网民讨论的热潮。在工作难找的大背景下,很多人面对公司的压榨而选择忍气吞声,默默地过着"自愿"加班的生活。

如果公司能够足额支付加班费也就罢了,如若不能,你要勇敢地拿起法律武器维护自己的合法权益。

离职补偿"n+1",要符合什么样的情况

【案件缘由】

2008 年 2 月 1 日,刘梅入职深圳一家科技有限公司。因为业务精干,刘梅很快得到部门的认可。2012 年 1 月,刘梅

的部门空降了一名总监。因为刘梅的长相俊俏，她深得这名总监喜欢，隔三岔五就被邀请吃饭、看电影，制造各种接触机会。但当时刘梅已经有了男朋友，对这名总监的追求并不感兴趣，对于他的盛情邀约一一回绝。

刘梅高冷的态度，并没有影响到总监的热情，两个月下来，总监送花、送礼物，甚至要求刘梅陪同他一起出差。为了避开总监的骚扰，刘梅于2012年3月12日辞去这份工作。

该总监见刘梅辞职了，就把精力转向公司的其他女同事。2012年6月，该总监因为涉嫌性骚扰、行贿、受贿等多项行为被公司起诉，随后被解除劳动合同。

6月25日，公司人事主管联系上刘梅，对公司之前监管不力给她造成的困扰表示抱歉，声称公司大领导很欣赏刘梅的工作能力，希望她能回到公司继续发展。

当时，刘梅并未找到新工作，听到这个消息便接受了公司的邀请。刘梅回公司后，接连刷新了公司的几个销售业绩，当上了部门总监。

2017年，刘梅在和公司大领导的一次谈话中，表示自己想创业。公司大领导很欣赏刘梅的工作能力，对此表示支持，不仅提出可以为刘梅的创业公司注入一笔启动资金，还提出公司可以跟她协商解除劳动合同，支付一笔经济赔偿金，帮助她解决创业初期的一部分经济来源问题。

公司人事经过计算，刘梅在公司的工作年限为9年零1

/第4章/ 职场风险提示
——通晓现行职业法律常识，依法工作才能劳有所值

个月，即 2008 年 2 月 1 日到 2012 年 3 月 12 日的 4 年零 1 个月，加上 2012 年 8 月 1 日到 2017 年 7 月的 5 年时间。离职补偿金的总额为 9.5 个月的工资加上 1 个月的通知金，一共 10.5 个月的工资。

【现身说法】

《劳动合同法》第四十七条规定：**经济补偿按劳动者在本单位工作的年限，每满一年支付一个月工资的标准向劳动者支付。六个月以上不满一年的，按一年计算；不满六个月的，向劳动者支付半个月工资的经济补偿。**

所谓的"n+1 补偿"，"n"就是劳动者在单位的工作年限。本案例中，刘梅在公司工作了 9 年零 1 个月，"n"对应的就是 9.5 个月的工资。这里的工资是按照劳动者的应得工资计算，是劳动者终止劳动合同前 12 个月的平均劳动工资，除了计时、计件的工作收入外，还包括奖金、补贴收入等。如果前 12 个月的平均劳动工资低于当地最低工资标准，则按当地最低工资标准计算。

"n+1"中的"1"是代通知金，其支付标准是劳动者离职前上一个月的工资标准。假如单位提前 30 天以书面形式通知劳动者解除劳动合同关系，就不需要支付了。

需要注意的是，"n+1"中代表的工作年限，是指连续的工作年限。如果员工中途离职，后来又重新入职原公司，

工作年限则从重新入职之日起计算。

刘梅之所以可以将前后两段工作时间加起来计算，除了有当时深圳地域范围内的特殊政策原因，还有公司领导对她的帮助因素。

【读法心得】

其实，在"n+1"之外，还有"2n""2n+1"的经济赔偿方案。当所在单位违法解除或者违法终止与劳动者的劳动合同时，就应该以经济补偿标准的两倍向劳动者支付赔偿金，也就是"2n"。

但是从法律角度上讲，"2n+1"是不存在的，因为用人单位在违法的情况下已经支付了"2n"，"+1"是合法情况下支付的代通知金，一个单位的操作不可能既合法又违法，因此，"2n+1"在法律层面并不存在。

工伤的合理界定

【案件缘由】

2018年3月16日，某公司员工刘二下班走路回家，原来的路线因为正在动工修建高速公路而被封闭。为了不绕

/第4章/ 职场风险提示
——通晓现行职业法律常识，依法工作才能劳有所值

远，刘二就近翻过栏杆，走上了绕城高速公路的应急车道。就在他翻过栏杆后不久，一辆小轿车迎面驶来将刘二撞倒，造成他严重骨折、全身多处软组织以及皮肤损伤。

当地交警接到报警前来查看情况后，出具了一份《道路交通事故认定书》。

《中华人民共和国道路交通安全法》（以下简称《道路交通安全法》）明确规定，行人不得进入高速公路。在本次事故中，刘二是有个人过错行为的，承担此次交通事故的次要责任。

出院后，刘二依据交警出具的《道路交通事故认定书》，向当地人社局提交了《工伤认定申请表》以及相关材料，要求公司支付工伤补偿。

当地人社局经过调查，认为刘二的事故发生在上下班途中，可以认定为工伤，由所在公司承担工伤补偿。

公司收到人社局的决议后不服，向人民法院提起诉讼，要求撤销该项决议。

人民法院经过审理后认为，虽然刘二的事故发生在上下班途中，但他违规进入高速公路应急车道，违反了《道路交通安全法》的禁止性规定；更何况，该条路线本就不允许行人使用，不符合《工伤保险条例》第十四条第六项规定的情形，故判公司胜诉，撤回人社局的工伤补偿决议书。

刘二不服，向中级人民法院提起诉讼。中级人民法院审

理后认为，一审判决事实清楚，程序合理合法，故驳回上诉，维持一审原判。

【现身说法】

《工伤保险条例》第十四条对应当认定为工伤的情形进行了规定：（一）在工作时间和工作场所内，因工作原因受到事故伤害的；（二）工作时间前后在工作场所内，从事与工作有关的预备性或者收尾性工作受到事故伤害的；（三）在工作时间和工作场所内，因履行工作职责受到暴力等意外伤害的；（四）患职业病的；（五）因工外出期间，由于工作原因受到伤害或者发生事故下落不明的；（六）在上下班途中，受到非本人主要责任的交通事故或者城市轨道交通、客运轮渡、火车事故伤害的；（七）法律、行政法规规定应当认定为工伤的其他情形。

/第4章/ 职场风险提示
——通晓现行职业法律常识，依法工作才能劳有所值

本案例适用于《工伤保险条例》第十四条的第六项。其中，对于"上下班途中"应当满足以下几个条件：首先，员工必须是以上下班为目的；其次，必须在上下班的合理时间内；最后，必须是上下班的合理空间内。

我国《道路交通安全法》明确规定高速公路严禁行人行走。因此，从法律角度看，刘二翻越护栏进入高速公路应急车道，想抄近道回家并不符合"上下班的合理空间"，故不能被认定为工伤。

【读法心得】

刘二很可怜，明明是在下班途中出了事故，身体受了伤害又花了钱，但因为违法进入高速公路不能被认定为工伤。

这里想说的是，国家对于劳动工人的权益保护还是十分到位的，除了上文列出的七条应当被认定为工伤的情形外，《工伤保险条例》第十五条还规定了三项可以视同工伤的情形，同时还规定了故意犯罪的、醉酒或吸毒的、自残或者自杀的不认定为工伤。

/第5章/ 财产不容侵犯

——实现财务自由的前提，
　是避免财产受到不法侵害

当今社会，如何保护自己的合法所得成为所有人关心的话题。有些人喜欢用正常的手段为自己创造财产，有些人则想要从别人身上用不法的手段骗取财产。如何才能保证自己的财产不受侵害呢？

第5章 财产不容侵犯
——实现财务自由的前提，是避免财产受到不法侵害

银行卡、支付宝被盗用，这钱自己要不要还

【案件缘由】

居住在某市的徐先生在还信用卡时，突然发现自己的还款金额与消费情况有所出入。经调查，徐先生才知道自己在某餐厅刷卡消费时，竟被餐厅一员工通过"读卡器"复制了银行卡信息，偷窥到他的支付密码后对该卡进行复制，先后消费共37800元。

徐先生向法院提起诉讼。法院审理后判决，认为在此次伪卡刷卡消费事件中，银行方面因为缺乏识别伪卡的能力，应负80%的责任；徐先生使用银行卡时，也存在不规范的行为导致密码泄露，故须承担20%的责任。

无独有偶，陈先生夫妇也遇到了类似的情况。陈先生持有信用卡主卡，陈太太持有信用卡副卡。

某日，陈先生夫妇手机上收到一条消息，称副卡在澳门进行了三笔刷卡消费，总计1万余元。刷卡信息显示，三笔消费均发生于2021年3月12日，但刷卡人签名处却并非陈先生夫妻二人的姓名。经查，2021年3月12日当天，陈先生夫妇并不在澳门。

法院方面推定，这三笔消费均属于伪卡交易行为。虽然银行方面辩称陈先生夫妇可能将自己的信用卡出借给他人使用或是遗失了信用卡，才导致此次事件发生，但因没有相应的证据支持，法院并未采纳。

法院认为，保障信用卡安全是银行应当承担的责任和义务。此次事件中，作为专业机构，银行未能有效识别和防范伪卡交易，这是银行方面的失职，根据《民法典》第一千一百七十五条规定：**损害是因第三人造成的，第三人应当承担侵权责任**。故银行应承担全部责任。

【现身说法】

上述两起事件都与信用卡被盗刷有关，但法院的处理结果却存在一些不同。

众所周知，信用卡、支付宝等被盗刷一般涉及四方主体，即盗用人、发卡银行、商家及持卡人。因此，处理盗卡事件时，法院往往会依据这四方是否存在过错以及过错程度对其应承担的责任和赔偿比例进行划分。

从民事角度出发，盗用人的盗刷行为侵犯了持卡人的合法权益，理应按照法律规定承担返还该笔财产的责任；从刑法的角度来看，当盗用人所盗刷钱款达到一定数额时，便构成犯罪需要承担刑事责任。

《刑法》第二百六十四条规定：**盗窃公私财物，数额较**

大的，或者多次盗窃、入户盗窃、携带凶器盗窃、扒窃的，处三年以下有期徒刑、拘役或者管制，并处或者单处罚金；数额巨大或者有其他严重情节的，处三年以上十年以下有期徒刑，并处罚金；数额特别巨大或者有其他特别严重情节的，处十年以上有期徒刑或者无期徒刑，并处罚金或者没收财产。

【读法心得】

使用银行卡、信用卡或支付宝等支付手段时，操作不当或隐私保护意识不强，都可能造成信息泄露，导致个人财产损失。如果不慎遭遇此类问题，一定要第一时间报警。

车子借给朋友出了交通事故，责任由谁来承担

【案件缘由】

马先生最近买了一辆奥迪A6汽车，还没有开几天，好兄弟老冯就上门来了，说是要和新交往的女友回家见家长，想借他的车去充面子。马先生虽然心疼，但也不好意思拒绝兄弟面子，便把车借给了老冯。

结果没想到，车子借出去没几天，马先生就收到一张

2000元的罚单。一问才知道,原来是老冯开着车在回程路上发生追尾事故,导致前车司机受了轻伤。对方找到交警开出了《事故责任书》,并向老冯索赔。

原本这事与马先生没有关系,毕竟是老冯开的车。但让马先生恼火的是,老冯前不久因为酒驾被暂扣了驾驶证,在这种情况下,马先生将车子借给老冯就成为车辆管理过错方,自然要承担相应的赔偿责任。

【现身说法】

朋友开口借车,不借吧,磨不开面子,也怕伤了彼此的情分;要是借吧,万一出个交通事故,责任是谁的?赔偿又该怎么算呢?

《民法典》第一千二百零九条规定:**因租赁、借用等情形机动车所有人、管理人与使用人不是同一人时,发生交通事故造成损害,属于该机动车一方责任的,由机动车使用人承担赔偿责任;机动车所有人、管理人对损害的发生有过错的,承担相应的赔偿责任。**

出借车子发生事故时,在哪些情况下车主需要承担责任呢?

具体来说主要有以下几点:1. 知道汽车存在安全问题还出借的;2. 知道借车人无驾驶资格的;3. 知道借车人饮酒了,或者服用了国家管制的精神药品或者麻醉药品,或者患有妨碍安全驾驶机动车的疾病等不能驾驶机动车的。

【读法心得】

常有人调侃说"兄弟之间,唯老婆与车子不能相借",这并非没有道理。毕竟借车有风险,一个不慎,就可能把车子、票子甚至自己都给赔进去。

如果非要将车借给朋友,一定要做好两点:第一,确保车子没有任何安全隐患;第二,确保朋友持有有效驾驶证明。

赠与必须签订合同,所有赠与被索要时要偿还吗

【案件缘由】

近日,某市"110"接到报警,一位陈女士状告孙女对自己造成侵害,并要求孙女归还自己曾赠与她的房产。

陈女士夫妇在某市拥有一处房产,为补贴生活,他们将该房产的阳台及次卧进行出租。两年前,在孙女吴某多次要求下,陈女士夫妇经公证处公证,将该房产以附赡养义务的方式赠与吴某,双方约定,在陈女士夫妇有生之年仍旧拥有该房产的使用权。

后来,吴某从陈女士手中骗走房屋产权证书,并利用赠

与合同直接将该房产过户到自己名下。之后，吴某又以屋主身份上门，声称要收回出租房，要求租客退房。陈女士出面阻拦，双方发生争执。吴某将陈女士推倒在地，致使陈女士受伤并引发心脏病住院，这才引发了这起报警事件。

经医生诊断，陈女士面部、胸部、腰骶部软组织均有不同程度的挫伤。吴某在事后不仅没有主动向陈女士道歉，还拒绝承担陈女士的医疗费用。最终，陈女士夫妇向法院提起诉讼，要求撤销赠与合同，收回赠与吴某的房产。

吴某方面则辩称：第一，根据法律规定，赠与人的撤销权在知道撤销事由之日起一年内行使，陈女士已经超过法定的撤销赠与时间，不能再行使撤销权。第二，当初的房产赠与是陈女士主动提出的，并非自己多次要求，包括之后办理房屋产权过户也是陈女士主动提出的，否则自己不可能在陈女士不知情的情况下将房产过户。第三，陈女士夫妇均为退休职工，又有房屋出租的收入补贴，在经济上并不需要自己赡养；自己一直与陈女士夫妇在一起生活，完全尽到了赡养义务，并未违反赠与合同的附加条件。

综上，吴某认为，法院应当驳回陈女士的诉讼请求。

【现身说法】

在陈女士与吴某的纠纷中，争议的焦点在于本案是否出现撤销赠与合同的法定事由。

赠与合同的撤销，分为两种情况：

第一种情况，是在赠与合同成立之后、赠与的财产权利进行转移之前，赠与方都可以根据自己的意愿随时撤销赠与。《民法典》第六百五十八条规定：**赠与人在赠与财产的权利转移之前可以撤销赠与。经过公正的赠与合同或者依法不得撤销的具有救灾、扶贫、助残等公益、道德义务性质的赠与合同，不适用前款规定。**

第二种情况，是在赠与合同成立之后，若发生法律规定的情形，即便已经超出法定的撤销赠与时间，或赠与财产已经转移，赠与人也能够撤销赠与。《民法典》第六百六十三条规定了受赠人有下列情形之一的，赠与人可以撤销赠与：**（一）严重侵害赠与人或者赠与人近亲属的合法权益；（二）对赠与人有扶养义务而不履行；（三）不履行赠与合同约定的义务。**

故而，法院最终判决撤销陈女士与吴某之间的赠与合同，并要求吴某在判决生效之后的 20 日内完成房产过户手续，将房屋归还给陈女士。

【读法心得】

即使没有书面合同，无偿赠与的行为同样受到法律保护。只不过，在缺乏合同的情况下，如果发生争议且当事人无法提供证据，则可能导致自己的权益受到损害。所以，进行赠与时，签订合同无疑是一种比较保险的方法。

限制行为能力，熊孩子乱花钱在什么情况下可追回

【案件缘由】

近日，刘先生查看自己的银行卡消费账单时，发现有 5 万余元竟对不上账，本以为是遭遇不法分子盗刷，报警后才得知，"偷"走钱财的居然是自家刚满 10 岁的刘小同。

原来，刘小同常常会用刘先生的手机观看网络直播。一次，在刘先生输入手机支付密码付款时恰好被刘小同看到，并记下了。之后，在观看各种娱乐直播时，刘小同看到有人为喜爱的主播刷"火箭"，便也跟风操作，前前后后打赏了

/第5章/ 财产不容侵犯
—— 实现财务自由的前提,是避免财产受到不法侵害

主播5万余元。

了解到事情的真相后,刘先生立即联系了直播平台,要求其归还被儿子打赏出去的5万余元。几次交涉未果后,刘先生直接向法院提起诉讼,将该平台告上法庭。经法院调解,该直播平台全额返还了刘小同打赏出去的钱财。

【现身说法】

近年来,随着直播行业的兴起和游戏行业的蓬勃发展,未成年人通过父母手机巨额打赏主播和进行游戏充值等事件可谓层出不穷。对此,法律上已经有了明确的规定。

《民法典》第十九条规定:**八周岁以上的未成年人为限制民事行为能力人,实施民事法律行为由其法定代理人代理或者经其法定代理人同意、追认;但是,可以独立实施纯获利益的民事法律行为或者与其年龄、智力相适应的民事法律行为。**

刘先生的儿子今年10岁,打赏主播5万余元这样的行为,明显不符合孩子的年龄与心智程度。因此,只要刘先生能证明儿子的打赏行为确实没有经过监护人的同意和追认,完全可以要求直播平台返还相应的打赏钱。

【读法心得】

日常生活中,我们常常能听到"限制民事行为能力人"

这一说法，它究竟是什么意思呢？

简单来说，8周岁以上的未成年人就属于"限制民事行为能力人"。他们可以自由进行与其年龄、智力水平相当的民事活动；超出范围的其他民事活动，则需要征求法定代理人的同意或直接由法定代理人代理。

总而言之，家长一定要随时注意自己的消费记录和交易信息，一旦发现支付工具出现非自己操作的支出，立即冻结账号，必要时可报警或通过诉讼途径解决问题。

有些手写的借条，为什么不具备法律效力

【案件缘由】

日常生活中，人们免不了会有向别人借钱或借钱给别人的情况。这时候，为了保证自己和他人的利益，最好的方式就是写一张借条，让这种借贷关系能够得到法律的保护。但有时候即使写了借条，也不意味着就能万无一失。

某王姓男子打算走私香烟赚钱，为筹措资金，向朋友任某借了8万元并写下借条，同时将自己的打算也告知了任某。

在走私过程中，王姓男子被公安机关抓获，任某得到消息后，为要回自己的钱财，持借条将王姓男子告上法庭。法

第5章 财产不容侵犯
——实现财务自由的前提,是避免财产受到不法侵害

院经审理做出裁决,驳回了任某的诉讼请求,并将王姓男子用于非法贩卖香烟的8万元资金全部收缴。

无独有偶,手持借条却无法要回欠款的还有一位谭姓女士。

两年前,谭女士的闺蜜冯小姐向她借了20000元,并主动要求写下借条。当时为了方便,冯小姐随意从一个笔记本上撕下半张纸让对方写好了借条。因两人关系亲近,谭女士对冯小姐非常放心,也没有在意借条的事。

后来,谭女士多次向冯小姐催债未果,一气之下,拿着借条把冯小姐告上法庭。

冯小姐却辩称说自己已经还清借款,并且在借条的下半部分位置注明了,是谭女士私自撕毁下半部分的内容。最终,由于借条信息不完整,谭女士未能成功追回借款。

【现身说法】

有时候,即便手持借条也未必就具备法律效力。那么,究竟哪些情况会导致借条无效呢?

第一种情况:明知他人借款用途违法还同意借款,借条是不具备法律效力的。

第二种情况:利用对方紧急用钱的情况,乘人之危发放高利贷,同样属于无效民事行为,其借条也不具备法律效力。《民法典》第六百八十条规定:**禁止高利放贷,借款的**

利率不得违反国家有关规定。

第三种情况：采用非法手段威胁、胁迫他人写下超过实际数额欠款的借条，同样不具备法律效力。

需要注意的是，手写借条时，一定要写清楚双方的信息、借款的具体数额及还款时间，并保证借条的完整性，以免后续发生纠纷导致自己的权益受损。手写借条时，无论是签字、盖章还是手印，都具有同等的法律效力。

【读法心得】

借钱给别人需要谨慎，还钱给别人同样需要小心，毕竟借条是具备法律效力的。因此，还款时一定要确保取回并销毁借条原件，最好能有其他见证人在场。

需要注意的是，借条与欠条存在一定的区别。从广义上说，借条属于欠条的一种。借条是单纯的借贷关系，欠条则可能是借贷，也可能是买卖或赔偿，甚至是某些不当得利。

碍于情面做担保，你要考虑法律风险

【案件缘由】

每每回想起当初碍于老朋友面子为其借钱做担保的事

第5章 财产不容侵犯
——实现财务自由的前提，是避免财产受到不法侵害

情，今年已经60岁的程某就悔不当初。

1996年，为帮助老朋友章某筹措资金，程某牵线搭桥把他介绍给段某认识。随后，章某便以公司名义向段某借了4万元，并约定每月4分的月息。

因两边都是熟人，程某也就顺理成章地成为这笔借贷的担保人，并在借条上签上自己的名字。

按照约定，章某本该在1997年1月31日之前将借款及利息全部归还，但不料因为生意失败，章某无法按照约定的时间还钱。在支付了2800元的利息后，为了逃避债务，章某就开始"玩失踪"。

章某的赖账行为，让作为担保人的程某感到十分惭愧。无奈之下，程某只得先拿出自己的所有积蓄共计20000元先还给段某，并一直积极寻找章某的下落。

1998年年底，程某终于在一个小县城的工地上找到失踪已久的章某。在程某的追讨下，章某只拿出10000元还给程某，剩余借款继续拖欠着。

2000年4月，段某终于忍无可忍，将章某及担保人程某一起告上法庭。法院审理后判决，章某的公司必须返还段某20000元的欠款及相关利息，作为担保人的程某也必须承担保证责任。但那个时候，章某的公司已经名存实亡，营业执照都被吊销了，根本无力偿还借款。这样一来，这笔债务就落到作为担保人的程某身上。

得知这一结果，程某又气又急之下中风了。

看到程某的惨状，段某也有些于心不忍，决定放弃追讨剩余款项，只要求程某再归还 5000 元即可。最终，程某东拼西凑了 5000 元归还给段某，这一案件才算了结。

【现身说法】

现实生活中，很多人会碍于情面做出一些或许自己本不情愿做的事情，如被朋友拉去做借钱的担保人。这种时候，你即便心中不愿意，碍于情面往往也难以开口拒绝。但做担保，不只是签个名字、按个手印那么简单的事，其中暗含的法律风险是非常大的。

一般来说，担保人分为两种：一种是一般担保人，另一种是连带担保人。二者所需承担的法律责任，是不同的。

《民法典》第六百八十七条规定：**一般保证的保证人在主合同纠纷未经审判或者仲裁，并就债务人财产依法强制执行仍不能履行债务前，有权拒绝向债权人承担保证责任，但是有下列情形之一的除外：（一）债务人下落不明，且无财产可供执行；（二）人民法院已经受理债务人破产案件；（三）债权人有证据证明债务人的财产不足以履行全部债务或者丧失履行债务能力；（四）保证人书面表示放弃本款规定的权利。**

如果是连带担保人，《民法典》第六百八十八条规定：

连带责任保证的债务人不履行到期债务或者发生当事人约定的情形时，债权人可以请求债务人履行债务，也可以请求保证人在其保证范围内承担保证责任。

通常情况下，在保证合同没有明确标明责任时，担保人都被视为连带担保人。因此，碍于情面为熟人担保借款时，一定要考虑清楚自己能否承担其中的风险，明确自己需要承担的责任。

【读法心得】

当下常见的债务担保方式分为五种，即保证、抵押、质押、留置及定金。

熟人之间的借贷行为，最常用的担保方式就是保证，即由第三方出面作为担保人，促成出借人与借款人之间借贷关系的成立。

当借款人无法按照约定履行债务时，担保人也必须承担相应的责任。所以，请记住担保须谨真，别因碍于情面就扛起自己无法承担的风险。

/第6章/ 消费维权应知道

——购买伪劣商品受害不浅,
我们要懂得合理维权

购物是我们日常最正常的一种生活消费。消费者和商家互有权利和义务,但很多人对此并不十分了解,以至于在消费过程中买到假货、次品的时候,面对店大欺客的商家无计可施、自认倒霉。

学习法律知识,你就能让这些不法商家付出相应的代价,维护自己的合法权益。

/ 第6章 / 消费维权应知道
——购买伪劣商品受害不浅,我们要懂得合理维权

怎样界定、如何对付"霸王条款"

【案件缘由】

2014年3月11日,某市工商局对消费维权典型案例进行曝光,涉事的商家主要有三家。

其中,在纵娱歌城KTV包厢中消费时,消费者每唱8首歌,就被强制推送一条商业广告。虽然该广告可以通过切歌的形式跳过,但该KTV的经营现场没有任何相关提示。纵娱歌城KTV此举涉及未经消费者同意强制推送商业广告,属于违法行为,已被工商执法部门依法予以行政处罚。

舒适堡健身美容有限公司在出售公司健身卡的过程中,强制消费者签订一份《舒适堡健身美容中心客人守则及规定》协议。该协议中有大量的格式条款,单方面对消费者提出苛刻的要求,对自身的责任与义务则只字未提。比如,"公司无论在何种情况下对客户因意外受伤或财物损失不需负责""无论何种原因,所有健身卡一经确认,客人不可要求退款"等。工商局表示,这种行为构成利用格式合同免除商家自身的责任与义务,而强制增加消费者的责任,侵害了消费者的合法权益,属于"霸王条款",依法责令其整改并进

行行政处罚。

麦乐商场是一家新开业不久的百货商场,为了搞商品促销,做了许多有奖销售、买一送一的活动。然而,当消费者发现这些被包装得高大上的商品有质量问题,找商场退货、换货的时候,却被工作人员拒绝,理由是"赠品不享受三包""商品售出概不退还"。当消费者拿出《中华人民共和国消费者权益保护法》(以下简称《消费者权益保护法》)的相关条文时,商场表示自己并未违法,因为他们对于此次促销活动拥有"最终解释权"。

【现身说法】

所谓霸王条款,就是经营者单方面制订的,为了逃避或减免自身法定义务与责任的格式合同。这类格式合同的约定违反了公平诚信原则,侵害了消费者的合法权益。

第6章 消费维权应知道
—— 购买伪劣商品受害不浅，我们要懂得合理维权

一般来说，霸王条款通常以声明、通知、格式合同、告示等方式出现，拥有五大特征。

第一，霸王条款减免甚至逃避了经营者自身应尽的责任和义务。比如，纵娱歌城KTV就没有做到让消费者享受应有的知情权义务。第二，经营者违反法律规定，任意扩大自身权限。这一点在"本公司拥有活动最终解释权"中最为典型，也是霸王条款最经典的一条。第三，经营者排除、剥夺消费者应有的权益。比如，麦乐商场剥夺了消费者对于商品享受"三包"的权益、享受商品退换的权益。第四，权利义务不对等，加重消费者责任。商家规定自己拥有对活动的最终解释权，就相当于说明本活动条款对商家没有任何约束力。第五，采用模糊条款。这也是经营者的惯用伎俩，采用模棱两可的条款，出了问题，怎么解释都行。

《民法典》第四百九十七条规定有下列情形之一的，该格式条款无效：**（一）提供格式条款一方不合理地免除或者减轻其责任、加重对方责任、限制对方主要权利的；（二）提供格式条款一方排除对方主要权利。**也就是说，经营者在格式条款中附加的诸如"离开商场概不退换""拥有最终解释权"等均属无效条款，不具有实际约束力。

《消费者权益保护法》也规定：**经营者不得以格式合同、通知、声明、店堂告示等方式做出对消费者不公平、不合理的规定，或者减轻、免除其损害消费者合法权益应当承担的**

民事责任。因此，只要经营者的声明告示侵害了消费者的权益均属无效，当争议发生时，可以要求经营者赔偿损失。

【读法心得】

《民法典》第四百九十八条规定：**对格式条款的理解发生争议的，应当按照通常理解予以解释。对格式条款有两种以上解释的，应当作出不利于提供格式条款一方的解释。格式条款和非格式条款不一致的，应当采用非格式条款。**其实在生活中，此类事情还是屡见不鲜。比如，购买书包时宣传"买一送一"，结果送的是一支铅笔。有些人碰到此类事件时，往往也认为"商家的活动，当然是商家说了算"，自己的权益受到侵害而不自知。

要想让大家的消费环境更上一层楼，不仅需要向广大消费者普及权益意识，也需要市场监督管理部门的大力监督。

商家泄露你的个人信息，可遵循哪些维权条例

【案件缘由】

2020年6月23日，连续几天收到骚扰电话的黄先生忍无可忍，向市场监督管理部门进行举报。事后，记者从黄先

第6章 消费维权应知道
—— 购买伪劣商品受害不浅，我们要懂得合理维权

生那里了解到，打电话的是湖滨花园城的销售团队。

一个月前，黄先生曾在本市的湖滨花园城看过几处房产，但当时并未表现明确的购买意向。因为自身的经济情况，黄先生想多对比几家楼盘再做决定。

然而，这一个月里，黄先生每天都能收到湖滨花园城销售团队的推销电话，有时正在上班或者开会，忽然就来了电话，这让他不胜其烦。哪怕黄先生已经多次表示自己不想马上做决定，但对方依旧每天雷打不动几个电话，且每次打来电话的都是不同的销售人员。

这不仅给黄先生的生活造成困扰，他也对此表示了担忧：当时，他只给湖滨花园城的一名销售员留了电话，现在每天却有不同的人打过来，显然自己的信息已经遭到泄露。

为了了解事情的真相，记者来到湖滨花园城的售楼处。负责接待的置业顾问告诉记者，湖滨花园城的房子已于几日前全部售完，目前售卖的是湖滨花园公馆。这跟黄先生向记者反映的信息基本吻合。除此之外，置业顾问还告诉记者，他们的销售团队由两部分组成，一个是湖滨花园城开发商自己的销售团队，另一个是外包的房产策划销售团队。两者的销售方式是一致的，对于消费者反映的频繁遭到电话骚扰一事，该顾问则表示并不清楚。

随后，记者联系上湖滨花园城市场部相关负责人。该负责人证实，本公司确实有收集消费者信息并进行电话推销的

行为。黄先生举报之后,有关部门也对他们进行了处罚,罚款项目是"非法使用消费者个人信息"。

【现身说法】

《民法典》第一千零三十五条规定:**处理个人信息的,应当遵循合法、正当、必要的原则,不得过度处理,并符合下列条件:(一)征得该自然人或者其监护人同意,但是法律、行政法规另有规定的除外;(二)公开处理信息的规则;(三)明示处理信息的目的、方式和范围;(四)不违反法律、行政法规的规定和双方的约定。个人信息的处理包括个人信息的收集、存储、使用、加工、传输、提供、公开等。**

除此之外,未经消费者同意的,经营者也不得向其发送商业性信息。真的要追究起来,商家的推销行为均是违法的。

这里所指的消费者个人信息,除了电话号码之外,还包括姓名、性别、出生日期、身份证件号码、住址、电子邮箱等能够单独或者与其他信息结合识别消费者的各种信息。

《民法典》第一千零三十八条规定:**信息处理者不得泄露或者篡改其收集、存储的个人信息;未经自然人同意,不得向他人非法提供其个人信息,但是经过加工无法识别特定个人且不能复原的除外。**对于泄露(也包含买卖行为)或者违规使用消费者个人信息的,除了要面临行政罚款外,还有可能构成刑事犯罪。

/第6章/ 消费维权应知道
——购买伪劣商品受害不浅,我们要懂得合理维权

【读法心得】

随着社会信息化的快速发展,如何为大数据平台设立相应的监督机制,也成为当下社会的重要课题。

电话骚扰、短信骚扰之所以屡禁不止,就是因为犯罪成本低,大多数人对此不以为意,对个人信息安全不够重视。要构建信息安全的社会,除了法治建设外,更重要的是提高公民信息安全意识。

如果碰到推销骚扰电话,可以打开手机录音功能记录通话内容,然后拨打12345或者12315举报,为信息环境安全贡献一份力量。

7天无理由退货?反悔权其实也有条件

【案件缘由】

2016年12月,某市市场监督管理部门接到消费者王某的举报。王某声称自己于今年5月27日在某电商平台购买了一部苹果手机,发现有质量问题之后申请7天无理由换新,但是电商老板只同意退货,不同意换新。

王某认为,该电商的做法侵害了自己的合法权益,要求

市场监督管理部门予以惩处。

　　市场监督管理部门收到举报之后，随即展开调查。调查发现，从 2015 年 12 月 15 日开始至今，王某在该网店 7 次下单同一款式、同一颜色的苹果手机，前 4 次全部申请了 7 天无理由换新，商家也都同意了。直到第 5 次，也就是王某举报的这一次，商家只同意退货，拒绝换新。商家认为，手机并未出现王某声称的质量问题，前 4 次同意换新完全是基于对《消费者保障服务规则》的尊重，但王某滥用消费者保护条款，违反了诚信原则，故不予以退换。

　　随后，王某更换账号名称，在该网店又购买了两部苹果手机，并且全部申请 7 天无理由退货，商家均同意了。

　　王某告诉市场监督管理部门的工作人员，自己之所以选择退换货，完全是因为手机的质量问题，但是自己无力承担手机质量问题的检测成本，只能利用"7 天无理由退换货"来保护自己的合法权益。在该电商的销售页面中，明确表示该商品在"无理由退换货"的清单内，那么就应该履行承诺。

　　市场监督管理部门的工作人员经过调查后认为，王某不愿举证、无法举证，或者举证中无法证明自己口中的质量问题，连续 7 次购买同一款手机且全部要求退换货，这不符合正常的交易逻辑，造成某种程度的社会资源浪费，因此驳回了王某的诉求。

　　王某不服市场监督管理部门的判决结果，向当地行政

/第6章/ 消费维权应知道
——购买伪劣商品受害不浅，我们要懂得合理维权

复议机关申请行政复议，复议结果维持原判。王某仍不服气起诉至法院，然而，他还是没有得到自己想象中的"公平正义"。

【现身说法】

"7天无理由退换货"是《消费者保障服务规则》中的内容，是因电商兴起而专门制定的条款，其中的"7天"，是从买家收到包裹后的第二天零时开始计算的。

引入"7天无理由退换货"的初衷，是考虑到网络交易的特殊性——双方并未直接见面，为防止消费者信息不对称而造成的冲动消费，赋予消费者的一项特殊权益，用来平衡买卖双方的利益。

上述案例中，王某在无法具体说出商品具有什么质量问题的前提下，连续7次下单购买又7次退换货，既不符合"7

天无理由退换货"规则的设计初衷,也违背了诚信原则,故无法得到有关部门的支持。

根据《消费者保障服务规则》,"7天无理由退换货"的商品需要满足以下条件:**要求具备商品收到时完整的外包装、配件、吊牌等;如购买物品被洗过、影响二次销售,人为破坏或标牌拆卸的不予退换;所有预定或定制特殊尺码的不予退换;成人用品等特殊物品一旦拆封或使用不得退换。**

如果是因为质量问题而产生的退换货,如商品破损、残缺或者其他质量问题,商家应当承担由此产生的运费。如果仅仅是因为不满意或者其他非质量问题的退换货,应由买家承担相应的运费。

【读法心得】

法律在制定的时候,确实会更多地考虑弱势的一方,如交易双方中的消费者、劳务双方中的劳动者,但这并不意味着弱势的一方可以滥用法律条款进行浪费社会资源。

协商解决问题的时候,一定是朝着平等、互利的方向进行的。如果一切以自我为中心,只看到自己的权益是否被侵害,而看不到他人的权益是否因此受损,所谓的"公平正义"就谈不上了,势必不能得到法律的支持。

第6章 / 消费维权应知道
——购买伪劣商品受害不浅,我们要懂得合理维权

买到假货或者过期产品,一般情况下你还有的赚

【案件缘由】

李芳因为生活需要,浏览网上商城准备购买一个水槽,一家名为"小张五金"的店铺吸引了她的注意。该店铺广告中表示,自家水槽的深度和容量在同类型产品中都是名列前茅的,在水槽的商品详情页上有一则醒目的"220 mm加深槽身"标语,并承诺"假一赔五"。

李芳看完产品介绍后非常满意,当即下单付款。然而,等她收到货物时却发现,水槽的深度根本就不达标,连210 mm都不到。李芳非常气愤,马上联系了店铺客服,认为对方应该履行"假一赔五"的承诺。

客服人员表示,自家产品都是自己注册品牌生产的,不可能存在"假冒伪劣"的行为,因此就不构成"假一赔五"的赔偿标准。更何况,生产过程中难免出现误差,部分产品不达标也是合情合理的。如果李芳不满意,他可以支持退换货,但是不可能执行"假一赔五"的赔偿标准。

对于客服人员的回复,李芳并不满意。双方协商未果,李芳最终将"小张五金"的店铺告上法庭。

法院经过审理后认为,"小张五金"在销售产品的过程中,应当向李芳提供真实、全面、不得作假的产品相关信息,包括性能、质量、用途、有效期限等。在店铺的产品详情页中,"220 mm 加深槽身"非常醒目,并且作为这款产品的重要卖点进行说明,如"又一次刷新槽身深度"等广告语,这就相当于店铺对产品的槽身做出了承诺。另外,"假一赔五"虽是店家单方面的承诺,但在交易成功的那一刻就已经具有了合同效力。

这里的"假",不应该被狭隘地认为是冒牌货,任何与宣传不符的产品质量、性能、用途等足以使消费者产生购买行为的因素都应该加以考虑。最终,法院判定李芳胜诉,"小张五金"店铺要履行"假一赔五"的销售承诺。

【现身说法】

《民法典》第五百七十七条规定了违约责任:**当事人一方不履行合同义务或者履行合同义务不符合约定的,应当承担继续履行、采取补救措施或者赔偿损失等违约责任。**商家在销售过程中,标注"假一赔×"虽是单方面的承诺行为,但买卖合同成立之后,该项条款就具有了法律约束力。如果出现假货,商家就应该按照承诺向消费者赔偿。

如果商家未做出相应的承诺,依据《消费者权益保护法》第五十五条规定:**经营者提供商品或者服务有欺诈行为的,**

应当按照消费者的要求增加赔偿其受到的损失，增加赔偿的金额为消费者购买商品的价款或者接受服务费用的三倍；增加赔偿的金额不足五百元的，为五百元。法律另有规定的，依照其规定。 按此计算，小张五金商家应该向消费者赔偿消费价格的3倍。

在遇到假货的相关案例中，争议最多的是如何界定"假货"。其实，法律上并未明确定义什么是"假货"，通常需要具体问题进行具体分析。

一般来说，我们日常中理解的"假货"，就是"假冒正规厂家生产的同样或类似产品"。但在实际操作中，即便商家销售的产品是正品，如果出现影响消费者消费意愿的商品质量、用途、有效期等信息的夸大或虚构，同样构成"假一赔×"中的"假货"事实。《民法典》第一千二百零三条规定：**因产品存在缺陷造成他人损害的，被侵权人可以向产品的生产者请求赔偿，也可以向产品的销售者请求赔偿。**

另外，如果商家因销售不合格食品而造成人员伤害，根据《中华人民共和国食品安全法》（以下简称《食品安全法》）第一百四十八条规定：**生产不符合食品安全标准的食品或者经营不符合食品安全标准的食品，消费者除要求赔偿损失外，还可以向生产者或者经营者要求支付价款十倍或者损失三倍的赔偿金；增加赔偿的金额不足一千元的，为一千元。**

【读法心得】

相信经常网购的朋友都难免有几次买到假冒伪劣产品的经历，如果是普通小件商品也就罢了，但如果是高价值的电子产品、化妆品或者奢侈品，最好还是选择专柜、官方旗舰店去购买。这样既能极大降低买到假货的概率，也能有充分的售后保证。

对于已经网购成功但不放心的产品，也可以拿到专柜或者专门的验证中心进行查验。如果买到假货，应该及时联系商家退货，造成损失的话，还应要求商家进行相应的赔偿。如果协商未果，消费者协会、仲裁机构乃至人民法院都能给消费者维护自身合法权益最好的帮助。

要求快递送货上门,是胡搅蛮缠还是有法可依

【案件缘由】

2018年1月24日,某县的老刘在某电商平台下单买了一个电热水壶,商家默认的物流是宅急送快递。两天后,老刘收到宅急送的快递派送短信。

接到短信的当天下午,老刘就收到了快递员的电话。快递员先是询问了他家里有没有人,得到肯定的回复之后,快递员问他能不能下楼取一下。

当时,老刘手头上正好有事情在忙,就让快递员帮忙送上来。不料,快递员直接告诉他今天比较忙,送不了。

老刘听完也没在意,觉得家里旧的热水壶还能用,就让快递员哪天方便了再送上来。然而,电话中的快递员显然有点儿不耐烦,告诉老刘这些日子他都没有时间。

一听这话,老刘心中便觉得不舒服,告诉快递员要是不送的话就投诉他,随后便挂断了电话。

没过多久,老刘的手机收到一条快递员发来的短信,他说想投诉就试试,要取快递就到市里总部去。老刘家离市里有20多千米,快递员这不明摆着故意整人吗?老刘没有多

想，当即在消费店铺中投诉了快递员。

第二天，商家联系了老刘，说马上帮他换一个快递员派送。并告知，事件中的快递员已被所在单位解雇了，因为快递公司表示，公司近期派单量大增才临时加了人员，这名快递员是临时工，并非经过培训的正式员工。

事后，当地记者找到这名快递员。他告诉记者，每日代收的快递有多种，每单的派送费从1元到10元不等，每件快递的派送费用是多少，他心中有数。事发当天，他有近百件快递需要派送，大多是单价1元的，如果每一件都派送到楼上，他根本挣不到钱。

此外，快递员也向记者解释，当时他发的短信根本没有威胁的意思。当老刘表示要投诉的时候，他心中也很郁闷，心想要是遭到投诉，就把老刘的快递送回市里总部的库房里就完事儿了，谁爱送谁去送。现在，他被解雇了，心中也正上火呢。

【现身说法】

《快递暂行条例》第二十五条规定：**经营快递业务的企业应当将快件投递到约定的收件地址、收件人或者收件人指定的代收人，并告知收件人或代收人当面验收。收件人或代收人有权当面验收。**

因此，按照法律规定，快递员确实有义务将快递送货上门。案例中，宅急送快递公司也表示，只要没有超出配送范围都是送货上门的，但是远离城镇的乡、村只能到自提点取。当然，如果碰到收货人不便收货的情况，也可以由双方协商收货方式，如寄存在快递柜中或者投送到其他指定位置。

从法律意义上讲，快递业务实际上是由卖方、买方和运输方三方组成的一次交易关系，快递是一种货物运输合同关系。

《民法典》第八百零九条规定了运输合同的定义：**运输合同是承运人将旅客或者货物从起运地点运输到约定地点，旅客、托运人或者收货人支付票款或者运输费用的合同。**所以，只要卖方或者买方其中一方支付了快递费，快递公司就有义务将货物送到快递单上标明的收货地址。

【读法心得】

现在的快递小哥确实很辛苦，作为消费者，可以从体谅快递员的角度出发，亲自下楼取快递，或者让快递员存放在快递柜，但并不意味着这种体谅是理所当然的。

人与人之间的体谅是相互的，如果快递员不仅认为自行取件是消费者的义务，甚至在消费者不满的时候发短信威胁恐吓，就不要怪他人去投诉或者报警处理了。

办理商家会员，怎样应对老板卷款跑路的违法行为

【案件缘由】

2019年7月1日，还在长沙某大学读研究生的苏启感到实习科研项目压力较大，精神状态不是很好，便考虑找家健身房锻炼一下身体。恰好当时学校附近有一家健身房有活动优惠，原价1600元的年卡只需1200元。苏启觉得比较划算，便办了一张会员年卡。

不过，听多了健身房的低价套路，苏启也有些担忧。到了2019年年底，健身房甚至推出100元使用三个月的优惠活动。苏启担心这样的低价背后有猫腻，便再三向工作人员确认，得到的答复都是请他放心，绝对不会有问题。

2020年3月，健身房停止营业，苏启每周都会向工作人员问一遍健身房什么时候开门。工作人员表示疫情还没有缓解，许多会员没有办法返回继续消费，而且地方政府要求疫情期间减少聚集，所以健身房暂缓营业。

4月快结束的时候，苏启通过朋友圈发现健身房的几名教练都找到了新工作，学校附近的其他健身房也逐渐开始营业，但自己办卡的健身房却始终大门紧闭。他怀疑健身房老

/第6章/ 消费维权应知道
——购买伪劣商品受害不浅，我们要懂得合理维权

板很有可能是跑路了。

眼看时间到了5月，苏启打算再跟健身房确认一下营业时间，但相关负责人已经不再回复他的消息。

没有办法，苏启拨通市长热线求助电话。几天后，相关工作人员回复了苏启，表示健身房老板并未跑路，下周就会重新营业，还把健身房老板的电话给了苏启。苏启拨通电话之后，老板也再三表示抱歉，承诺下周会开始营业。

然而，当苏启如约来到健身房之后，却依然大门紧闭。不同的是，这次健身房门口聚集了许多和他一样的会员。他们找到健身房的工作人员要求给个说法，工作人员却表示他们也联系不上老板，而且老板还欠了他们两个月工资。

这件事发生之后，健身房会员群里的会员们很快建立了维权联盟。他们先后找到社区、市场监管部门解决问题，还向派出所报了案。

5月底，市场监管部门发起一次纠纷协调会，到场的除了监管部门的工作人员外，还有派出所的干警、社区管理人员以及健身房老板。

老板表示，健身房因为疫情原因确实已经无力继续营业，对于办卡会员还未履行服务的部分会予以退款，如果会员愿意，也可转移到另一家健身房继续接受服务。

【现身说法】

对于消费者办理了会员而老板卷款跑路的情况,大多见于健身房、美容美发店等服务性较强的长期会员上。

通常来说,商家卷款跑路分为两种情况:一是老板蓄谋已久,通过消费者预付款的方式集资诈骗,得手之后就携款潜逃。这种情况就构成了刑事犯罪。二是老板因为经营不善、大环境不好等原因不得不关门停业。这种情况一般是民事案件,属于合同服务纠纷,需要消费者找律师进行起诉。

我们办理会员卡之后,相当于跟商家签订了一份长期服务的合同,《民法典》第五百七十八条规定了预期违约责任:**当事人一方明确表示或者以自己的行为表明不履行合同义务的,对方可以在履行期限届满前请求其承担违约责任。**

对于在健身房、美容美发店或者其他类似的消费商店中办理会员的，《消费者权益保护法》第五十三条规定：**经营者以预收款方式提供商品或者服务的，应当按照约定提供。未按照约定提供的，应当按照消费者的要求履行约定或者退回预付款；并应当承担预付款的利息、消费者必须支付的合理费用。**

需要注意的是，如果经营者卷款跑路涉嫌非法集资，向公安机关报案时最好能提供相关证据，如对方的工商登记信息、会员信息、现场照片等。这要求我们在办理会员时最好先了解对方的经营情况，尽量保留各类证据，如果后续需要维权，这些能够大大增加自己维权成功的概率。

【读法心得】

会员制度，是商家快速回本、增加现金流的重要手段。但是，这样的手段用多了难免会出现意外，一旦经营不善，就会侵害到消费者的权益。有些人一看公司破产、老板跑路，便自认倒霉，只能向同事、朋友吐槽抱怨。

其实，无论老板是真的非法集资跑路，还是经营不善倒闭，只要收集好证据，向有关部门报案或者提起诉讼，拿回自己预付款的概率还是很大的。

/第7章／ 让保险真保险

——现行保险法下，
怎样买保险才不算白花钱

天有不测风云，人有旦夕祸福，没有人知道今天有什么事情会发生在自己身上。如果是好事，自然是欢天喜地。如果是坏事呢？没有人愿意承担从天而降的祸事给自己带来的损害。这时候，保险就派上了用场。但保险不是盲目去投保就是真的保险，只有懂得保险，才能让保险真的"保险"。

保险合同的不可抗辩规则,你一定要了解

【案件缘由】

2019年6月,山东省烟台市某区人民法院判决了一起人身保险合同纠纷案,一审判决被告保险公司一次性赔偿原告17万元。保险公司对判决结果有异议,提起上诉。这究竟是怎么回事呢?

2016年4月17日,25岁的李红购买了一份增额终身重大疾病保险。李红在"身故受益人"一栏填写了父亲的名字,在投保书"健康告知"一页中的所患疾病选项里选择了"否",之后正常缴纳保险费用。

2018年7月,李红忽然晕倒,经医院诊断后被确认为恶性肝癌。经过几个月的治疗,她的病情越发严重。在被医生告知时日无多时,她处理起自己的身后事,告知父亲在她去世后向保险公司索赔保险金。一个月后,李红去世了。

李红的父亲处理完女儿的身后事后,前往保险公司索赔保险金。保险公司拒绝理赔,理由是李红隐瞒了自己的病情,因为他们查询到李红在2014年曾患过肝炎,并住院治疗数月。因此,保险公司有权解除保险合同。

李红的父亲与保险公司协商数次,在谈不出结果后,便将保险公司告上法庭。

法院审理认为,投保人李红在投保时对自身疾病存在隐瞒,没有履行告知的义务,但我国保险法又有明确规定,自合同签订之日起超过两年,保险公司的合同解除权已消除,应当承担赔偿原告赔偿金的责任。

【现身说法】

保险是一种保障,买对了保险会受益一生,这也使得越来越多的人开始购买保险。但是,很多人因为某些原因无法获得理赔,就像本案中的李红,因为未履行如实告知保险公司身体健康状况的义务,遭到保险公司的拒赔。

《民法典》第五百条规定:**当事人在订立合同过程中有下列情形之一,造成对方损失的,应当承担赔偿责任:(一)假借订立合同,恶意进行磋商;(二)故意隐瞒与订立合同**

第7章 / 让保险真保险
——现行保险法下，怎样买保险才不算白花钱

有关的重要事实或者提供虚假情况；（三）有其他违背诚信原则的行为。在保险公司的合同中也有明确告知，投保人如隐瞒实情，保险公司有拒赔的权利。

很多投保人看到合同中的这个条款后会打退堂鼓，实际上，拿起法律的武器就能够让自己获得赔偿金。这是因为，新保险法指出，保险合同有不可抗辩的规则。

不可抗辩规则，又称"不可争辩条款"，是指投保人在投保时故意或因为重大过失未履行如实告知义务，即使最终结果足以变更或减少保险人对风险的评估，但经过两年以上时间，保险人不得以此解除合同。《中华人民共和国保险法》第十六条明确规定：**自合同成立之日起超过二年的，保险人不得解除合同；发生保险事故的，保险人应当承担赔偿或者给付保险金的责任**。不可抗辩规则是为了约束保险人的合同解除权，从一定程度上保障了投保人的权益。

本案中，李红在投保前的确没有履行如实告知的义务，但她的保险合同自签订之日起已满两年，保险公司不得以此解除合同，故法院判决保险公司承担赔付责任。

【读法心得】

买保险确实能解人燃眉之急，保险法中的不可争辩条例也确实能保障投保人的权益，但我们不能在保险上投机倒把，需要意识到不可争辩条例是存在期限的。

出现什么样的不法行为，保险公司可以拒赔

【案件缘由】

2015年5月的一天晚上，李刚驾驶着刚买的汽车，喊了几个朋友去KTV庆祝。跟往常一样，李刚点了不少酒水跟几个朋友喝了起来，直到凌晨两点才散场。

朋友们知道李刚是开车过来的，考虑到他已经喝多了，便让他喊代驾。对此，李刚拒绝了，他认为自己没有喝醉并且离家也不远，没有必要叫代驾。朋友们见劝说不动，就随他去了。

夜深人静的路上，行人稀少，李刚在酒精的作祟下试起了新车的性能——在限速每小时40千米的路上，他将车速开到每小时80千米。忽然，人行横道上蹿出一辆电瓶车，李刚刹不住车，猛地撞了上去。电瓶车车主受重伤被送至医院，李刚也被警察扣留。

这场交通事故虽然没有造成人员死亡，但致使电瓶车车主瘫痪，李刚需要赔付一大笔赔偿金。

李刚知道后并没有焦虑，他认为保险公司会理赔。但实际上，保险公司拒绝赔付，理由是李刚酒驾属于违法行为，

第7章 让保险真保险
——现行保险法下，怎样买保险才不算白花钱

而违法行为属于责任免除，故而不赔付。

后来，李刚将保险公司告上法庭。法院审理后，判决保险公司不予理赔。

【现身说法】

保险公司不可能对投保人的理赔要求来者不拒，一旦发现投保人的行为不在理赔范围内，就会拒绝赔付。那么，产生什么样的行为，保险公司可以拒绝理赔呢？

第一，不在保险保障范围内的不予理赔。保险的种类有很多，以健康险为例，它会细致地划分出轻症险、重疾险、住院险等。如果我们购买的是重疾险，患了轻症后，保险公司不予理赔。

第二，除外责任不予理赔。除外责任也就是责任免除，《民法典》第五百零六条规定了合同中的下列免责条款无效：**（一）造成对方人身损害的；（二）因故意或者重大过失造成对方财产损失的**。所以，驾驶人的驾驶行为属于违法行为，如故意犯罪、故意伤害、酒驾等，保险公司不予理赔。

第三，故意隐瞒不予理赔。投保人在投保时具有履行如实告知的义务，如果没有履行，自保险合同签订之日起未满两年将会被拒赔。比如，健康险在投保之前，保险公司会询问投保人的身体健康状况，投保人故意隐瞒，保险公司有权拒赔。

第四，等待期内出险不予理赔。不是每一种保险签订后立即生效，有些保险会有一个等待期，如果在等待期内出险，保险公司会拒绝赔付。比如，健康险投保之后会有一个等待期限，过了等待期，保险才正式生效。

第五，无法提供完整的理赔材料，保险公司不予理赔。保险公司为防止诈赔，需要申请理赔人提供完整的材料，一旦材料不齐全或是存在弄虚作假，保险公司将拒绝理赔。

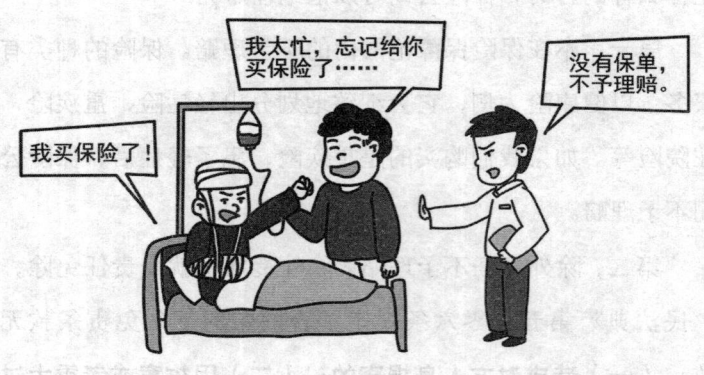

第六，低于免赔额不予理赔。很多保险有理赔门槛，一旦低于免赔额，保险公司会拒绝赔付。以健康险为例，这类保险中会有一个具体的免赔额，当治疗费用低于这个免赔额，保险公司将不予赔付。

本案中，李刚酒驾属于违法行为，车险中的责任免除条例上有明确告知和规定。所以，保险公司有权拒绝理赔，法院的判决也公平公正。

第7章 让保险真保险
——现行保险法下,怎样买保险才不算白花钱

【读法心得】

购买保险的目的是让自己无后顾之忧,那么,购买保险时,一要买适合自己的;二要仔细阅读保险条例。

如何买对保险?要结合自身需求去购买,具体考虑自身年龄、职业、所处环境等因素。比如,一个小康家庭中某个家庭成员患上重病,这个家庭的经济水平就会倒退好多年,因此,为自己和家人投保一份重疾险是非常有必要的。又如,乘坐飞机会面临不可预测的危险性,所以,乘客购买保险时要侧重意外险。

买完保险后,想要顺利获得理赔,还需要仔细阅读保险中的各项条例,尤其是责任免除条例。

遭遇理赔纠纷,该如何保障自身权益

【案件缘由】

2019年,家住深圳的陈先生迎来第二个孩子。考虑到自己的两个孩子年幼,妻子又没有工作,他怕自己万一出现意外会导致家庭的不幸,就为自己购买了一份人身意外险,受益者是他的妻子。

陈先生的经济压力很大，既要月供房子又要供养孩子，不得不拼命加班挣钱。

在陈先生连续加班的第五天，他感到心口一阵绞痛，然后倒在地上不省人事。尽管同事们第一时间将他送去医院，也没能挽回他年轻的生命。

法医鉴定陈先生属于猝死，公司给了陈先生的妻子一大笔赔偿金。等到陈先生的妻子料理完陈先生的身后事，就前往保险公司申请理赔。但没想到的是，保险公司拒绝赔付。

保险公司认为，保险合同内对"意外"有明确定义。意外是指遭受外来的、突发的、非本意的、非疾病的客观事件直接致使身体受到伤害或死亡，猝死不属于意外，应属于疾病导致的意外。

陈先生的妻子并不认同保险公司对"意外"的定义，她认为丈夫的死亡完全属于意外，因为丈夫本身不患有疾病。

陈先生的妻子跟保险公司商谈未果后，一纸诉状将保险公司告上法庭。法院审理后判决，陈先生的死亡属于意外范畴，保险公司应承担赔偿责任。

【现身说法】

购买过保险的人都知道，保险合同的条例众多，这往往使得投保人和保险公司因理赔问题而出现纠纷。通常，保险中的理赔纠纷有以下几种情况。

第一种：投保人未履行如实告知的义务。比如，购买健康险前会有一个健康告知，如果投保人隐瞒实情，保险公司会以投保人未履行告知义务而拒赔。

第二种：对保险合同中条款的定义理解不同。比如，本案中，保险公司与陈先生的妻子对"意外"有不同的理解而造成纠纷。

第三种：没有细致地阅读保险条款。保险合同中的条款众多，鲜少有人会一一细读，只会抓重点条款去理解。但是，保险合同中的每一项条款都有存在的意义，一旦涉及那些未曾细细关注的条款而产生理赔问题，就会出现纠纷。

第四种：保险业务员的错误引导。很多保险业务员为了拿单，在推销保险时没有尽到明确告知投保人的义务，甚至会给予投保人错误的引导。这种情况，极其容易引起理赔纠纷。

出现理赔纠纷时，投保人如何保障自己的权益呢？

首先是协商解决。投保人与保险公司就纠纷点进行协商，厘清事实，并根据事实来划分各自的责任。经过数次协商后依然解决不了纠纷，投保人可以向仲裁机构提起仲裁。这里需要注意，并不是所有的保险纠纷都适合仲裁，仲裁适用于含有仲裁条款的保险合同。

当仲裁机构依然无法解决理赔纠纷时，投保人可以去人民法院对保险公司提起诉讼。

【读法心得】

遭遇保险理赔纠纷时,我们不仅需要耗费大量的精力,还需要投入大量的时间。所以,从源头上避免保险理赔纠纷显得极有必要。避免保险理赔纠纷的关键,在于我们购买保险时要仔细理解保险合同中的每一项条款。

受益人领保金,需不需要缴税

【案件缘由】

案例1:

赵先生是一家公司的老板,由于工作关系经常外出应酬,身体每况愈下。为了保证自己出现意外后妻儿也能有生活保障,赵先生为自己买了一份终身寿险,受益人为儿子。

两年以后,赵先生因为心肌梗死去世,终身寿险的理赔款全部交给了赵先生的儿子,不需要缴纳遗产税。

案例2:

刘女士和丈夫是丁克夫妻,一直没有养育孩子。随着二人的年龄渐长,刘女士给自己买了一份终身寿险,受益人写

第7章 让保险真保险
——现行保险法下，怎样买保险才不算白花钱

的是丈夫的名字。天有不测风云，某次外出的时候，刘女士夫妇遭遇一场交通事故，双双殒命。

保单的受益人原本是刘女士的丈夫，而刘女士的丈夫去世以后，她的所有遗产都由妹妹继承。刘女士的妹妹在继承刘女士的遗产时，被通知需要为这份终身寿险缴纳遗产税。

【现身说法】

我国遗产税是在2020年开始暂行征收的，根据暂行条例第五条规定，下列关于民生的不计入应征税遗产总额：（一）遗赠人、受赠人或继承人捐赠给各级政府、教育、民政和福利、公益事业的遗产；（二）经继承人向税务机关登记，继承保存的遗产中种类文物及有关文化、历史、美术方面的图书资料、物品，但继承人将此类文件、图书资料、物品转让时，仍须自动申请补税；（三）被继承人自己创作、发明，或参与创作、发明并归本人所有的著作权、专利权、专有技术；（四）被继承人投保人寿保险所取得的保险金……

被继承人投保人寿保险取得的保险金，并不在遗产税的征收范围内。因为被继承人投保，这笔钱由被继承人支付，保单的所有人也不是被保险人而是投保人和受益人。因此，这种保险是不会被征收遗产税的。

赵先生的情况符合遗产税暂行条例第五条的规定，其儿子是保单的受益人，因此不会被征收遗产税。

刘女士的案例又是另外一种情况，在刘女士的丈夫去世后没有明确受益人的情况下，保单保额将成为遗产。《民法典》第一千一百二十七条规定了遗产继承的顺序：（一）第一顺序：配偶、子女、父母；（二）第二顺序：兄弟姐妹、祖父母、外祖父母。继承开始后，由第一顺序继承人继承，第二顺序继承人不继承；没有第一顺序继承人继承的，由第二顺序继承人继承。刘女士的妹妹作为第二顺序的继承者，继承姐姐的财产自然算作遗产，需要缴纳遗产税。

【读法心得】

不少人将大额寿险作为避税的办法，实际上，并不是每种寿险都可以避税。即便同一种寿险，不同的收益部分也有不同的计算方式。

大额寿险中，往往有分红和保额两个部分：固定的保额作为保险金不会被征收遗产税，分红部分却是一定要征收遗产税的。

偷偷买了保险却不幸身故，受益人能否领到保金

【案件缘由】

洪某经商多年，虽然收入颇丰，但仍有危机意识，就给自己买了一份人寿保险。该保险于2012年5月6日购买，金额较大，算是给妻儿留下了保障，但没有告诉妻子。

两年后，洪某因车祸不幸去世。由于洪某没有告诉妻子之前买过人寿保险的事情，所以，洪某的妻子并没有在第一时间去找保险公司进行理赔。

2019年10月，洪某的妻子在搬家时无意中发现了丈夫购买过一份大额人寿保险，于是，她按照保单上的电话号码联系保险公司进行理赔。不料，经过保险公司的工作人员核实后，说该保单时效已过，拒绝理赔。

洪某的妻子将保险公司告上法院，要求保险公司理赔。经法院审理，驳回洪某妻子的理赔诉求。

【现身说法】

我们生活在这个世界上，每天都会发生许多大大小小的事情。因此，保险公司不可能盘查每天发生了什么事故、有

什么人丧生，是不会主动理赔的。一般情况下，人寿保险的理赔时效最长为5年，超过5年就算自动放弃理赔。

自己买过保险却没有告诉别人，出事以后，保险公司不会主动联系理赔，但是法院可以轻松查到。

《中华人民共和国民事诉讼法》第二百四十二条规定：**被执行人未按执行通知履行法律文书确定的义务，人民法院有权向有关单位查询被执行人的存款、债券、股票、基金份额等财产情况。人民法院有权根据不同情形扣押、冻结、划拨、变价被执行人的财产。人民法院查询、扣押、冻结、划拨、变价的财产不得超出被执行人应当履行义务的范围。人民法院决定扣押、冻结、划拨、变价财产，应当作出裁定，并发出协助执行通知书，有关单位必须办理。**

也就是说，即便你购买了保险但没有告诉任何人，在不幸身故以后，如果法院有需求要执行这些财产，有权力和资格向保险公司查询被执行人生前购买的保险。

【读法心得】

有一种情况是保险公司会在被保险人身故以后主动理赔的，那就是出现了重大事故。

因此，如果你购买了保险，一定要以某种方式通知家人，最好是书面说明，以保证在出现事故时能找到保险公司进行理赔。

第7章 让保险真保险
——现行保险法下，怎样买保险才不算白花钱

非婚生子女、养子女，是否可以成为保险受益人

【案件缘由】

陈锋和李艾是大学同学，毕业后，两人于2011年步入婚姻的殿堂。

陈锋为自己买了一份保险，受益人是妻子李艾。直到陈锋因病去世，李艾才知道自己不是唯一的受益人，一个叫"陈朵朵"的小女孩也是受益人之一。

原来，陈锋与李艾结婚前有一个女朋友，并给他生下一个女儿。女朋友把孩子丢给陈锋后就消失不见了，当时，陈锋刚上大学不久，孩子就被他送去老家由父母抚养。

后来，陈锋认识了李艾并与其谈婚论嫁。他担心李艾会因此离开他，遂一直没有将自己的情况如实相告。

李艾无法接受陈锋将女儿设为保险受益人这个事实。所以，在保险理赔时，她将保险公司告上法庭，认为陈朵朵是非婚生子女，不能成为保险受益人。

法院审理后，驳回了李艾的诉求。

【现身说法】

现实生活中，不是每个孩子都与父母有血缘关系，也不是每个孩子都是父母的婚生子女。那么，对于非婚生子女、养子女，能否成为保险受益人呢？

《民法典》第一千零七十一条规定：**非婚生子女享有与婚生子女同等的权利，任何组织或者个人不得加以危害和歧视。**所以，婚生子女可以成为保险受益人，那么，非婚生子女也享有成为保险受益人的权利。

《民法典》第一千一百一十一条规定：**自收养关系成立之日起，养父母与养子女间的权利义务关系，适用本法关于父母子女关系的规定。**

可以看出，养子女和养父母虽然没有血缘关系，但是两者的关系是被法律认可和保护的。所以，养子女也可以成为保险受益人。

此外，《保险法》第十八条规定：**受益人是指人身保险合同中由被保险人或者投保人指定的享有保险金请求权的人。投保人、被保险人可以为受益人。**本案中，陈朵朵作为非婚生子女，享有与婚生子女同等的权利，是可以成为保险收益人的。所以，陈朵朵可以得到陈锋保险金的一半金额。

【读法心得】

非婚生子女作为保险受益人,可以向保险公司申请理赔,但在申领前需要提供三份文件:首先,由公安部门或医院出具的被保险人身故证明;其次,被保人的户籍注销证明;最后,与被保险人的关系证明。

本案中的陈朵朵,她想要获得保险公司的理赔,需要有与陈锋的 DNA 亲子关系鉴定书或者是亲子关系公证书。

/第8章/ 购房、租房法典

——避开购房路上的陷阱,
半生积蓄不能随风飘零

  对很多人来说,购置房产是这辈子最大的一笔单项支出,因此绝对不能马虎,一旦上当受骗,半辈子的积蓄就会付诸东流。
  对于那些外出打拼、暂不考虑买房的朋友,租房也是一笔不小的开支。无论是买房还是租房,谁都不希望出现问题,但愿大家懂得生活中的法律常识,避免此类麻烦。

开发商承诺的配套设施没有了,我们怎样去维权

【案件缘由】

2005年,徐静及家人前往某市区参观"荆南家园"楼盘,当时负责接待的置业顾问非常热情。徐静听了置业顾问的介绍,看完楼盘效果图后也觉得非常满意,当即表现出要在此购房的意向。

随后,置业顾问拿出小区的规划图,规划图中不仅显示该楼盘的配套设施有儿童乐园、游泳池、学校,甚至还有网球场等。徐静的孩子还不到5岁,这些设施对于他来说无疑是极具诱惑力的,他当天便签订了《商品房认购协议书》,交了定金买下一套123平方米的房子。

然而,当荆南家园一期建成入住后,徐静发现小区的规划并不符合开发商的承诺——住房容积率变大,承诺的绿地面积减少。徐静找到相关负责人想要一个解释,负责人告诉他,因为地质原因,原先的规划有所调整,但二期、三期建成之后,原先的承诺一样都不会少。

2008年,荆南家园三期全部建成,除了承诺的学校之外,其余所有承诺的配套设施要么没有兑现,要么兑现缩

水。比如，承诺的儿童乐园、游泳池更是连影儿都没有。

为了维护自身权益，荆南家园业主组建了一个维权群，将荆南家园所属房产公司告上法庭。在法庭上，房产公司人员表示该小区的建设严格按照相关部门审核批准的规划进行，不存在侵权事实；至于宣传广告中提到的游泳池、儿童乐园等设施，小区公园中已经安装了滑梯，也修建了喷泉相关水景，公司并非没有兑现承诺，而是业主对广告的理解有误，请求法官驳回原告相关诉求。

法院经审理认为，被告承诺的多种配套设施并未建设到位，所举证据不足以支持自身主张。其承诺的设施对小区的整体环境、居住功能以及业主是否购买的决策产生重要影响，因此，被告应就未兑现的承诺承担相应的违约责任。

【现身说法】

《民法典》第四百八十条规定了承诺的方式：**承诺应当以通知的方式作出；但是，根据交易习惯或者要约表明可以通过行为作出承诺的除外。**也就是说，开发商没有按照承诺移交配套设施的，应当按违约处理。这是防止开发商在销售过程中夸大、虚假宣传配套设施，影响消费者购买的决策。

另外，开发商拖延交房时间或者改变配套设施影响业主正常生活的，也应按照违约处理。

《民法典》第二百三十八条规定：**侵害物权，造成权利**

人损害的,权利人可以依法请求损害赔偿,也可以依法请求承担其他民事责任。

【读法心得】

验收房子的时候,建议大家不仅要看房屋的质量问题,对于小区的景观园林、绿地建设乃至建筑外墙颜色等整体规划,也要看是否符合开发商事先的承诺。

另外,签订购房合同的过程中,最好将开发商承诺的条款写进其中。同时,所有可以作为合同附件的宣传资料等也应妥善保存。一旦出现开发商违约的情况,这些资料都是维护自身权益的有力保障。

买房遭遇烂尾楼,如何合法维护自己的权益

【案件缘由】

2015年冬天,河南某县城一座在建小区突然停工。不久,关于开发商资金链断裂准备跑路的消息便流传开来。已经支付了购房定金的业主纷纷找到相关负责人,希望给个准确说法。

对此,开发商给出的辟谣理由是,进入冬季后,天干物

燥不利于施工作业，又恰逢春节临近，让工人们提前放假先回家，入春之后一定恢复施工。

对于开发商给出的理由，业主们虽然没有直接的证据证明对方撒谎，但他们本身都在附近乡镇住，没事就来工地转转，看看开发商什么时候能恢复施工。

然而，正月都过去了，工地上仍旧一点儿动静都没有。业主们等不及了，联合到售楼处讨要说法。开发商安抚他们，说公司跟工程队的施工价格没有谈拢，正在寻找新的施工队，找到了立马就复工。

业主们带着将信将疑的态度离开售楼处，又开始了漫长的等待。2016年4月3日，一名业主看到售楼处没有开门营业，当即通知整个业主群。这个消息一下子在群里炸了锅，业主们都赶往售楼处，但售楼处已经人去楼空。

经过商议，业主们决定集体找一名律师帮他们打官司。接到这个案子的张律师立刻着手准备材料，在筹备材料的过程中，张律师发现，虽然有关部门及时冻结了开发商的账户，但上面已经没有一分钱。至于开发商的其他资产，还需要等待法院的处理。

当时盯着开发商这些资产的，不仅仅有受害的业主们，开发商背后的债权人包括银行、工程施工队等，也都等着这些资产清算能减少自己的损失。

庭审结束后，业主们的诉求获得了法院的支持。4个月

/ 第8章 / 购房、租房法典
——避开购房路上的陷阱,半生积蓄不能随风飘零

后,开发商名下的宾馆、商铺被成功拍卖,参与诉讼的业主们终于拿到了属于自己的购房款。

【现身说法】

随着我国房地产大热,因为烂尾楼而引发的纠纷时有发生。在不幸碰到此类事件时,首要问题就是弄清房子的产权归属。如果开发商宣布破产时房子尚未建成,自己的买房方式就会对房子的产权归属造成影响,这时应当首先咨询相关律师,确定产权归属后再进行下一步行动;如果开发商破产时房子已经建成,业主就应该及时向房管部门申办房产证。

随后,要尽可能团结更多的受害业主共同维权,这样不仅可以降低每个人的维权成本,也能最大限度地获得法律支

十年前

十年后

持。《民法典》第二百三十三条规定：**物权受到侵害的，权利人可以通过和解、调解、仲裁、诉讼等途径解决。**

需要注意的是，如果开发商是因为资不抵债而破产清算，这时候，我们已经购买的烂尾楼切不可退还给开发商。因为开发商手里已经没有资金了，即便我们退房也拿不到自己的购房款，开发商能够给我们的只有收据或者欠条。这时候，我们和开发商就从买卖关系变成债务关系。

等到最后，开发商的资产成功得到拍卖，根据偿债先后的规定，购房者获得补偿款的优先权要大于债主。

【读法心得】

通常来说，规模大、知名度高、资金雄厚的开发商，造成烂尾楼的概率会小很多。那些小规模或者刚转型做房地产的开发商，就要三思而后行。

考察房地产开发商实力的过程中，可以参考开发商公司的注册资金、开发资历、往期项目等。另外，也可以查看该房产项目的"五证"是否齐全，也就是《建设用地规划许可证》《建设工程施工证》《建设工程规划许可证》《国有土地使用证》《商品房销售（预售）许可证》。

当然，如果不想买到烂尾楼，最保险的办法是买现房。

购房使用"阴阳合同",可能承担怎样的法律风险

【案件缘由】

2017年,家住杭州萧山区的曹斌看中一套400多万元的二手房。因为对价格、地段、周边配套等都十分满意,曹斌当即支付定金10万元,并与房东签订了合同:一个月内,曹斌要凑足首付款200万元,贷款审批通过就可以办理房屋过户手续。

为了尽快凑足首付款,曹斌找到一家房产中介,打算把自己现有的一套小户型住宅以低价卖出。没过多久,中介就帮曹斌找到一对意向购买房产的夫妻,他们看完房子之后十分满意,最终以200万元的价格签订了定金合同。

几天之后,在双方准备签订转让合同的时候,这对夫妻突然打起感情牌,问曹斌签订转让合同上能不能只写120万元,实际还是支付200万元,这样可以少缴纳几万元的税费。大家挣钱都不容易,动动手指就能省下一大笔钱,何乐而不为呢?

曹斌起初是不同意的,担心这样做,自己没有保障。买家为了让曹斌放心,拍着胸脯表示可以再签订一份补充协

议，上面注明200万元的实际支付款。碍于人情面，曹斌半推半就同意了。

根据合同协议，120万元购房款到账之后，曹斌与对方办理了房屋产权过户，随后便等待对方支付剩余的80万元。然而，尽管曹斌不断催促余款，对方却找各种理由拖延，最终微信回复一个"我已支付全部房款"便删除了曹斌。

曹斌非常着急，自己的购房合同马上就要支付首付款了，如果要不到这80万元余款，自己的10万元定金也会打水漂。他打电话过去，却显示对方电话号码不存在。他找到中介，希望中介能够帮忙，但中介也表示爱莫能助，建议曹斌最好去法院起诉。

无奈之下，曹斌找到律师，打算提起民事诉讼。但是，短时间内他拿不到这80万元的话，自己的购房合同就造成违约，不仅定金拿不回来，还需要赔偿一笔违约金。

【现身说法】

所谓购房的"阴阳合同"，是指当事人对同一事项订立两份合同，其中一份对外称为"阳合同"，一份对内称为"阴合同"。"阳合同"是给税务人员看的，主要目的是逃避政策监管、逃税漏税；对内的"阴合同"，才是双方真实意愿的表达。

第 8 章 购房、租房法典
—— 避开购房路上的陷阱,半生积蓄不能随风飘零

本案例中,"阳合同"就是双方签订的 120 万元房产交易价格的转让合同,"阴合同"则是注明 200 万元实际支付房产价格的补充协议。实际操作中,"阴合同"可能以纸质形式存在,也可能仅仅是口头协议。

《民法典》第一百五十四条规定:**行为人与相对人恶意串通,损害他人合法权益的民事法律行为无效**。也就是说,本案例中,曹斌签订的补充合同是无效合同。

还有重要的一点就是,案例中签订"阴阳合同"的行为已经构成偷税逃税。因此,虽然曹斌起诉至法院会被判定补充合同无效而追回自己的损失,但是,如果涉案金额超过一定数额,双方便有可能构成刑事犯罪,需要被追究刑事责任并处罚金。

《民法典》第五百八十七条规定:**债务人履行债务的,**

定金应当抵作价款或者收回。给付定金的一方不履行债务或者履行债务不符合约定，致使不能实现合同目的的，无权请求返还定金。最后，曹斌当时交付的购房定金也拿不回来了，他真是有苦也无处诉说。

【读法心得】

其实，签订"阴阳合同"最初都是为了少缴税款，但这么做的风险非常大。且不说这种合同不受法律保护，一旦查出还可能承受牢狱之灾。更重要的是，"阴阳合同"交易纠纷极其频繁，这种风险对于买卖双方来说是均等的。

无论是买家做低价格逃税，还是卖家做高价格骗取贷款，一旦对方要求按照"阳合同"支付款项，事情便会陷入困境——无论是协商还是起诉，都会消耗双方的时间和金钱成本。

为孩子购买学区房，卖主不迁户口怎么办

【案件缘由】

2015年5月，为了让孩子拥有更优质的教育资源，曹先生多方打听，最后从陈女士手中买下北京市海淀区一套小户

第8章 购房、租房法典
—— 避开购房路上的陷阱，半生积蓄不能随风飘零

型学区房。5月末，曹先生一共支付了购房款240万元之后，双方完成过户手续。

购房合同中约定，陈女士应该自房屋过户之日起10日内办理户口迁出手续。然而，一直到8月，陈女士的户口依然尚未迁出。其间，曹先生多次与陈女士沟通协商，但始终没有结果。万般无奈之下，曹先生将陈女士告上法庭，要求陈女士立即办理户口迁出手续并支付违约金。

法院庭审过程中，陈女士以及家人的户口确实尚未迁出，但并非故意的。陈女士说签完合同的第二天，她就到派出所办理户口迁出手续。然而，她所购买的新房产尚未建户，没有办法办理立户，因此无法迁出。户籍科工作人员告诉她，可以迁到自己父母或者子女名下，但陈女士已经年近六旬，父母早已离世，子女远赴海外，均无法办理户口迁移。

陈女士认为，合同上违约条款写的是"出于卖方自身的原因不迁户口"，她如今没有迁出户口完全是因为客观因素，所以不应该认为自己违约。况且，她也去派出所问过了，工作人员说买方曹先生已经将户口迁入，附近学校也不会专门来派出所查户口，对孩子上学完全没有影响。

对于陈女士的解释，曹先生并不接受。他认为陈女士的情况就是"出于卖方自身的原因"，应该按照合同约定迁出户口，否则就是违约，应当支付违约金。

双方对此分歧较大，法院并未当庭裁决。

【现身说法】

案例中的户口迁移纠纷，并非孤例。在以往的类似纠纷中，被告多以无处落户辩护，以示自己的违约属于不可抗力；原告之所以不满，背后也多有子女上学等原因。对此，笔者提出两点建议。

第一，一定要在购房合同中明确违约责任。

《民法典》第五百九十条规定：**当事人一方因不可抗力不能履行合同的，根据不可抗力的影响，部分或者全部免除责任，但是法律另有规定的除外。因不可抗力不能履行合同的，应当及时通知对方，以减轻可能给对方造成的损失，并应当在合理期限内提供证明。**只有在合同中明确标明卖方对于户口迁出的免责责任，事后违约的时候才能做到有法可依。如果没有相应条款或者仅仅是口头约定，事后就无法判定对方违约。

当然，买二手房时也可以留下部分尾款给对方施加压力，当对方完成户口迁出手续之后再补齐尾款。不过，最保险的做法，还是买房之前就确认房主的户口已经迁出。

第二，了解学区房的入学政策。

相信绝大多数父母购买学区房，都是为了给孩子提供更好的教育资源。不同的地区或者学校，其房产所在位置的入学指标是不同的，这需要大家在购房之前向所在学校或者教育部门核实相关入学政策。如果所在学区对于入学指标有相应限制，建议在购房合同中加入相关条款，明确违约责任；如果是卖方问题导致学区房不符合入学指标要求的情况出现，买方应当有权解除合同，并要求卖方支付赔偿金。

【读法心得】

户口迁移属于公安机关户籍管理部门的工作内容，法院没有办法强制被告迁移户口。因此，此类纠纷发生后，买方所能做的就是追究卖方的违约责任。所以，为了保险起见，买房之前最好先了解一下该房产是否存在户口迁移问题。如果房主尚未迁出户口，最好在购房合同中明确违约责任。

房东卖房，租期未到是否拥有继续居住权

【案件缘由】

2018年6月，刚参加工作的田文镜通过房产租赁中介在公司附近租了一间房子，当时跟房东约定的租金为每月2700元，押二付一，租期一年。合同上规定，如果租期未满要退房的话，应该支付一个月房租作为违约金。

11月5日，房东给田文镜打来电话，要求他于本月底前

搬出，理由是房东因资金周转困难已经将该房子出售。田文镜表示要搬出可以，但是要按照约定赔偿一个月的租金作为违约金，同时退还两个月的押金，一共8100元。

房东当时就火了，表示违约退房只对租客有效，同时警告田文镜趁早搬出，否则后果自负。

接下来的几天，田文镜尝试多次联系房东，但每次没聊两句，房东便挂断电话，后来连电话也不接了。房东的意思很直白，就是要田文镜搬走，至于违约金是没有的。田文镜也明确表示，要不到违约金和押金就绝对不搬走。

双方协调不成，到了12月3日，房东通知田文镜要继续居住也可以，但是房租要涨到一个月3500元。田文镜认为房东无理取闹，每月仍按照2700元的租金支付。两天后，房东停了水电，逼迫田文镜搬出。

随后，田文镜找到居委会的工作人员，希望他们出面帮忙协调。但房东始终不愿退让，他认为，当时签合同的时候就已经口头约定，如果房东家里有事可以收回房子，只不过没有写进条款而已。

见协调无果，田文镜最终起诉房东，要回了两个月的押金以及一个月的赔偿金。

【现身说法】

《民法典》第七百二十六规定：**出租人出卖租赁房屋**

的，应当在出卖之前的合理期限内通知承租人，承租人享有以同等条件优先购买的权利。出租人履行通知义务后，承租人在十五日内未明确表示购买的，视为承租人放弃优先购买权。所以，只有当租客明确表示放弃自己的这一权利之后，房东才可以将房子卖给别人。

案例中，虽然房东声称，双方已经约定了自己家里有事可以收回房子，但那仅是口头约定，不具备法律效力。况且，租客并未表示不搬走，只是想要回自己的押金和赔偿。

《民法典》第七百二十八条规定了租赁合同的违约责任：**出租人未通知承租人或者有其他妨害承租人行使优先购买权情形的，承租人可以请求出租人承担赔偿责任。但是，出租人与第三人订立的房屋买卖合同的效力不受影响。**也就是说，哪怕房东的房屋交易已经完成，租客依然有居住的权利。

上述案例中，合同里的违约条款显然适用于租赁双方，无论哪一方违约，都应该支付相应的违约金。如果租客不愿意搬走，就应该按照约定继续履行合同，房东停水停电强迫租客搬走的行为显然是违法的。

还有，租客承租房子之后，虽然不具备房子的所有权，但拥有房子的使用权。即便房东有房子的钥匙，不经过租客的同意也不能擅自进入。

【读法心得】

从上述案例中，我们至少可以得到两点启发。

一是碰到黑心房东不要慌，哪怕房东用卖房甚至停水、停电等方式强迫我们搬走，只要合同约定期限未到，法律就站在我们这一边。如果房东的强迫行为给我们造成了损害，就要果断地去人民法院起诉来维护自己的合法权益。即使房东的房产交易已经完成，租赁合同没有到期也能过继到下一任房东中。

二是在签订租赁合同的过程中，一定不要单纯地相信口头协议。任何协议没有白纸黑字地写到合同条款里，最终维权的时候都不会得到法律的支持。

中介把你的房子群租了，你会承担什么后果

【案件缘由】

2017年10月，上海市浦东区的秦女士买了一套新住房，便将自己原居住在崂山新村一套50平方米的房子交给中介打理，每月收房租减轻新房的还贷压力。

因为秦女士的新房离崂山新村较远，平时工作也十分忙碌，因此，除了每月查看租金账户是否按时到账外，对出租事务并不过问，租赁三方也就这样相安无事地过去了半年。

2018年3月，秦女士突然收到当地城管部门的罚单，上面指明秦女士名下的房产存在群租事实，要求责令整改并缴纳罚金。

秦女士对此十分疑惑，当即返回崂山新村。当秦女士回到自家门前的时候，被眼前的景象惊呆了：玄关和客厅里的摆设全都不见了，整间房子被隔成9间屋，每间房间都堆满租户的生活用品，地上的垃圾也是随处可见。

秦女士当即联系了中介公司。然而，中介公司却表示对此毫不知情，也不承认自己群租了房子，一再强调自己只把房子租给了4个人。当秦女士跟租客了解了情况之后，发现

屋内共住了 16 个人！

双方都表示自己没有责任，最终闹到了法院。

法院调查取证后，厘清了事情的来龙去脉：秦女士委托中介公司打理房子之后，中介公司便将房子出租了，租客则是大众熟知的二房东；二房东将房子隔断成 9 间屋子，租给下一级租客，每月从租客那里收取租金后再抽出一部分给中介，中介再从中拿出一部分给秦女士作为租金。

整个事件中，秦女士、中介公司、二房东均有责任。最终，中介公司因涉嫌无证经营被勒令停业整顿，群租房也被拆违整治，二房东也遭到处罚。秦女士虽然对此不知情，但根据法律规定也需要承担一部分责任并缴纳罚金。

不过，秦女士对此没有怨言，她对城管部门的执法行为表示感谢，否则，她的个人财产可能遭受更大的损失。

【现身说法】

群租房存在较大的安全隐患，我国各地行政部门对此都极为重视，打击力度一年大过一年。

《民法典》第七百一十一条明确规定：**承租人未按照约定的方法或者未根据租赁物的性质使用租赁物，致使租赁物受到损失的，出租人可以解除合同并请求赔偿损失。**上述案例中，二房东没有告知中介公司，私自将秦女士的房子打了隔断做成群租房，查处后会有一笔不小的罚款。

/第8章/ 购房、租房法典
——避开购房路上的陷阱,半生积蓄不能随风飘零

根据"租房不得破坏原有结构,不得改变房屋结构及用途"的相关规定,秦女士可以解除租赁合同并对中介公司提出赔偿。但是,在法律面前,相关责任主体包括房东、中介公司、二房东乃至租客都要受到相应的处罚。

无论是房东还是中介公司,作为出租人一方都需要在当地派出所备案,签订《治安责任保证书》。如果出现违规租赁行为,如群租、传销等将会受到相关行政处罚,在惩罚履行结束之前将限制该房屋的买卖。

【读法心得】

房子出租之后,房东可以不定时征得租客同意后回去看看,这不仅可以防止租客或者二房东违规打隔断对房屋造成损害,也可以及时帮助租客解决一些维修问题。

如果房东放任不管,房屋被打隔断做成群租房,影响邻

居的生活不说,还要面临高额罚款。

更重要的是,群租房的安全问题很难得到保证,一旦出现火灾或者其他险情,极易出现人员伤亡。到那时,房东所面临的除了罚款之外,恐怕也难逃其他的刑事责任。

/第9章/ 企业经营法则

——创业可以变得富有，
但不要忽略其中的法律风险

经营企业是一种创造财富的方式，成为企业家不仅象征着拥有了一定的财富，更说明已经在社会中拥有更重要的角色，肩负更重要的责任。因此，经营企业的时候，千万要懂法、守法，切记不要因为一点蝇头小利而触犯法律，那就得不偿失了。

法定代表人需要承担哪些法律责任

【案件缘由】

某公司法定代表人李某在2013年5月28日向张某借款20万元，还款期限为两年，月息1分。李某出具的借条上标注了款项是公司用于购置新设备专用，但没有加盖公司的公章，只有李某本人的签名。

每月，李某公司的财务人员都会向张某支付利息。两年时间到了后，张某数次催款，李某都不曾偿还本金。最终，张某将李某告上法庭，要求李某和其公司连本带息偿还全部借款。

法庭上，李某辩称该借款并非私人行为，借款时自己的身份是公司法定代表人，款项也用于公司经营。因此，这笔借款应由公司偿还，而非个人偿还。

公司方面则认为，虽然借条上说明这笔款项用于公司购置新设备，实际上公司并没有拿到该款项，也没有用于公司生产。因此，这笔款项应该由李某个人偿还。

在整个审理过程中，李某并没有拿出任何证据证明公司授权他向张某借款，也没能拿出任何能证明该笔款项用于公司购入设备、生产经营的证据。最终,法院判决这笔借款与公司无关,跟李某的法定代表人职务也没有关系,李某个人要偿还从张某处借的本金 20 万元和利息。

【现身说法】

《民法典》第六十一条规定:**依照法律或者法人章程的规定,代表法人从事民事活动的负责人,为法人的法定代表人。法定代表人以法人名义从事的民事活动,其法律后果由法人承受。**一家公司只能有一个法定代表人,人们将其称为"法人代表"。

法定代表人是公司的全权代表,拥有对外签字权、财务控制权、参与诉讼权等权利,还要负责公司的生产经营、管理等活动。

公司的法定代表人和对公司的经营行为,在法律上要承担以下责任：

第一，民事责任。以公司名义进行经营活动是法定代表人的职务范围，《民法典》第六十二条规定：**法定代表人因执行职务造成他人损害的，由法人承担民事责任。法人承担民事责任后，依照法律或者法人章程的规定，可以向有过错的法定代表人追偿。**

第二，行政责任。根据《中华人民共和国公司登记管理条例》第七十条规定可以看出，公司在合并、分立、减少注册资本或者进行清算时，公司进行隐匿财产，对资产负债表或者财产清单造假，或者在清偿债务之前分配公司财产，这些行为除了要对公司处罚外，公司的直接负责人也要被处罚。直接负责人一般是公司的法定代表人，因此，其经常成为行政处罚的对象。

第三，刑事责任。公司经营过程中出现重大事故、偷税漏税、生产销售假冒伪劣产品、非法经营等犯罪行为，除了追究公司的责任外，公司的直接负责人也要承担刑事责任。

《民法典》第五百零四条规定：**法人的法定代表人或者非法人组织的负责人超越权限订立的合同，除相对人知道或者应当知道其超越权限外，该代表行为有效，订立的合同对法人或者非法人组织发生效力。**

本案例中，李某显然不满足这一规定，不能出示证据也没有证人，因此，该笔借款与公司无关，应由他个人偿还。

第9章 企业经营法则
——创业可以变得富有，但不要忽略其中的法律风险

【读法心得】

许多公司的实际控制人为了找人替自己承担违法犯罪的后果，会找人挂名担任法定代表人。这个法定代表人并不参加公司的经营活动，也不具有控制公司的权利，却要承担极大的法律风险。

即便双方签订了协议，但在法律面前是无效的，公司的实际管理人员在经营和管理公司的时候也要承担相应的责任。因此，不要因为些许报酬，为他人的公司挂名法定代表人。

中国式合伙人，有哪些事情必须掰扯清楚

【案件缘由】

赵明与朋友于伟合伙投资了一家矿场。合同中规定，双方共同投资，按照投资比例分配收益和承担风险。

由于朋友间的信任，双方合作时敲定的条款都是比较宽松的，在经营矿场的过程中，赵明也疏忽了对公司的管理。

经营了一段时间以后，公司的所有收入、开销都要通过于伟签字。有一天，赵明查看公司账目，却发现许多票据很

不正式，有很多手写的白条票据。

为了保护自己的正当财产不受侵害，赵明向法院申请财产保全。法院很快就查封了双方合伙经营的矿场和公司账户。

经过合议庭反复地讨论，最后决定，先厘清双方合伙的账目再做判决。司法会计查账之后，于伟要进行大量举证。在法院的调解下，赵明和于伟经过协商达成调解协议。

【现身说法】

赵明和于伟共同经营一家公司，赵明认为应该根据公司账目要求于伟支付所得利润，并切割财产。但是，《民法典》第九百六十九条规定：**合伙人的出资、因合伙事务依法取得的收益和其他财产，属于合伙财产。合伙合同终止前，合伙人不得请求分割合伙财产。**

账目有争议，无论是支出还是盈余都无法查清楚，在这种情况下，赵明提出的诉讼被驳回也是合理的。因为法院在审理案件的过程中，需要依据有效的账目来审定财产。

以上的处理方法是合法的，却并不合情。赵明的确在公司管理上有所疏忽，于伟如果有预谋地侵占双方的合伙财产，故意为法院厘清账目制造难度，赵明的处境就太可怜了。因此，法院决定对合伙账目进行初步的清算。

赵明与于伟是合伙关系，在公司的运营中，赵明没有起

第9章 企业经营法则
——创业可以变得富有，但不要忽略其中的法律风险

到监督的责任，于伟手中大量不规范的手写票据就是财务管理松散的结果。想要厘清这笔糊涂账，只有遵循法律中"当事人意思自治"的原则，以民间的交易习惯，在双方都认同的情况下进行审核。如果存有争议较大的账目，再由司法会计进行鉴定。

司法会计得出鉴定结果后，要按照实际情况划分双方的举证责任。本案中，大多数账目掌握在于伟的手中，因此，于伟要承担绝大部分票据的举证工作。

【读法心得】

账目混乱，是亲朋好友合伙经营公司时经常出现的情况。一些小额支出，非正式的、没有法定票据凭证的大额支出，最终都会变成难以划分和审定的账目。

"亲兄弟，明算账"，这句话应该成为合伙经营的主导思想。无论是多亲密的朋友、亲人在合伙经营的时候，账目一定要清晰，符合法律法规。只有这样，才能保证自己的财产安全，保证在分割财产、索取自己的正当利益时有据可依。

合伙人，是否全部都要负连带偿还责任

【案件缘由】

2015年8月29日，江某与洪某、魏某联合注册了一家公司。经营一年后，公司欠下货款100余万。不久，三人达成协议，由江某负责将公司承包，所得利润用于偿还货款、返还洪某和魏某两人的投资。

半年后，供货方要款无果，就将江某等人告上法庭，要求江某、洪某和魏某三人共同承担所欠的货款和利息。

法院经过审理，判决江某、洪某、魏某三人共同承担欠款和逾期利息。洪某、魏某不服，表示公司现在由江某一人在经营，债务应该由江某一人承担，就提出上诉。

法院经过二审，更改为公司不能清偿的债务部分由江某、洪某、魏某三人承担，其他维持原判。

【现身说法】

《民法典》第九百七十二条规定：合伙的利润分配和亏损分担，按照合伙合同的约定办理；合伙合同没有约定或者约定不明确的，由合伙人协商决定；协商不成的，由合伙人

按照实缴出资比例分配、分担;无法确定出资比例的,由合伙人平均分配、分担。

本案中,江某、洪某和魏某三人合伙经营公司,共同出资,并且以企业名义获得收益,符合合伙企业的规定。合伙企业不能清偿到期债务,即便合伙人之间已经有了私下协议,也要依法承担连带责任。供货方讨要货款的时候,将洪某、魏某二人包括其中,自然也是合法的。

《民法典》第九百七十三条规定:**合伙人对合伙债务承担连带责任。清偿合伙债务超过自己应当承担份额的合伙人,有权向其他合伙人追偿。**

由于欠款的主体并非江某、洪某和魏某三人,而是三人共同创立的公司,因此,在承担债务的时候需要分成两个层次:三人共同创立的公司是第一顺序的债务承担人;第二层次是共同创立公司的三人。所以,二审法院更改了判决。

【读法心得】

合伙创立公司欠下的债务,首先要用合伙公司拥有的财产偿还。如果公司的财产不足以偿还债务,才需要合伙人按比例承担偿还债务的责任。这与合伙人之间的私下协议无关,与合伙人之间的利益分配也无关。

合伙人之间并非完全对等,每个合伙人承担的责任也有一定的范围。如果某个合伙人承担的责任超过一定的范围,就可以要求其他合伙人承担责任。如果之前没有协议，就应该由合伙人共同协商决定。当不能协商一致时，就需要按照合伙人的出资比例进行分配。

因此，在与他人合伙创立公司的时候，应该提前拟好协议、做好约定，以免将来出现争议。

将公司资金转入个人账户，你是老板也算违法吗

【案件缘由】

陈启经营着一家装修公司。李萍和王毅合伙开了一家装修材料公司，李萍是公司的总经理，王毅担任法人。经朋友介绍，陈启与李萍签订了《材料采购合同》，对付款方式和交货时间都有详细的规定。

合同签订后，陈启按照合同规定支付了10万元的首批材料款，这笔款直接汇入李萍的账户。没多久，王毅因为家里有事，把这笔货款转入个人账户来处理家事，这导致公司无法按时交货，也没有能力把货款退还给陈启。

王毅与陈启协商之后，王毅写了一张欠条，说明了还款日期。可到了这天，王毅仍然没有偿还债务，陈启就将该公司以及王毅、李萍二人告上法庭，要求对方偿还欠款和利息。

经审理，法院判决王毅和李萍应对债务承担连带责任，应付对方的欠款和利息。

【现身说法】

上述案例中，王毅与李萍的行为看似无伤大雅，最终也没有造成过于严重的后果。实际上，即便是公司老板，将属于公司的资金转入个人账户也是违法的。

公司本身有自己的责任范围，虽然由老板、股东控制，但双方的责任并不是一回事。

如果公司的财产与老板的个人财产混淆，就难以划分清楚责任。特别是一家公司有多个股东时，混淆公司财产和股东财产的行为会造成侵吞、非法转移、逃避债务等后果，严重损害其他股东的利益。

将公司资金转入私人账户，这种行为从税法的角度来说属于分红行为，应该缴纳20%的股息红利所得税。如果这笔款项是用于公司经营的，不缴纳股息红利所得税将被认为是逃税行为。

根据《刑法》第二百七十一条、二百七十二条规定，可以看出：公司、企业或者其他单位的工作人员，利用职务上的便利，将本单位财物非法占为己有的行为将构成职务侵占罪；公司股东、法人，利用职务之便，将公司账目上的资金转入自己的个人账户，那么将构成贪污罪；公司的法人、股东将公司的资金借给他人，或者用于投资或其他营利活动，那么将构成挪用资金罪。

【读法心得】

老板往往是公司的法人，是公司的实际掌控者，但是，他与公司之间始终不能画上等号。公司的账目往往涉及税务、债务等问题，如果混淆了老板的个人账户与公司账户，就会出现许多纠纷问题。

如果有商务往来的公司，没有分清老板的个人账户与公司账户，在处理债务问题的时候要格外小心。

偿还对方公司债务的时候，将钱款转给老板的个人账户，从法律角度上说债务仍然是存在的。所以，如果对方不认账，这里面存在的风险就非常大。

很流行的"末位淘汰制",是否触犯了《劳动法》

【案件缘由】

小赵在某汽车维修公司担任技术工程师,与公司签订了无固定期限的劳动合同。工作半年以后,公司召开会议,决定将原本的考核制度更改为每月月末绩效末位淘汰制:绩效考核倒数第一的员工,要么选择自己离职,要么在下一次考核之前只能拿到半数的工资。

第二个月,公司进行绩效考核时,小赵位于末位。公司要求小赵自动离职或者接受工资减半,被小赵当场拒绝。

一周以后,公司发布公告,说小赵不服从公司的管理制度,因此将按照自行离职处理。小赵自然不肯接受这样的结果,就将公司告上法庭,要求公司支付违法解除劳动合同赔偿金64000元。

法院审理后认为,公司在与小赵签订合同之前,并未说明公司将实施末位考核制的事情,确定末位考核制度的时候也没与小赵协商。在这种情况下,公司直接对小赵做出末位淘汰决定,当小赵不服从这种决定又将其按照自行离职处理,属于违法解除劳动合同的行为,应该支付小赵赔偿金。

【现身说法】

末位淘汰制,并非法律、法规一样的规定,只是一种用人单位考核员工的管理方式。这种管理方式可以为企业引入竞争机制,提高员工的工作效率,已被不少企业采用。

使用末位淘汰制的时候,一定要通过民主程序得到劳动者的同意、认可后才能实施。反之,这种行为就是违法的。

《劳动合同法》第四十条规定:**有下列情形之一的,用人单位提前三十日以书面形式通知劳动者本人或者额外支付劳动者一个月工资后,可以解除劳动合同:(一)劳动者患病或者非因工负伤,在规定的医疗期满后不能从事原工作,也不能从事由用人单位另行安排的工作的;(二)劳动者不能胜任工作,经过培训或者调整工作岗位,仍不能胜任工作**

的；（三）劳动合同订立时所依据的客观情况发生重大变化，致使劳动合同无法履行，经用人单位与劳动者协商，未能就变更劳动合同内容达成协议的。

末位淘汰制不符合其中的条件，因为采取这种管理方式，用人单位可以强行与劳动者解除劳动合同，显然违反了劳动法的有关规定。

【读法心得】

末位淘汰制虽然流行，但也包含了许多风险。用人单位如果想采取末位淘汰制这种管理方式，必须提前向劳动者公示管理方式的具体内容。

作为劳动者，面对企业采用末位淘汰制这种管理方式，一定要注意：用人单位如果未经自己允许，就以自己处于排名末位不能胜任工作为由解除劳动合同，是违法的。

末位淘汰制没有一个准确的考核指标，每次考核必有第一名和最后一名，这与劳动者是否胜任岗位毫无关系。以劳动者处于末位为由与其解除劳动合同，这种行为显然是违反劳动法的。

员工怀孕期间劳务合同到期，可不可以不续签

【案件缘由】

2019年3月，吴女士应聘成为某广告公司的工作人员，签订了为期两年的劳动合同。

2020年12月，吴女士婚后怀孕了。

2021年3月，吴女士的劳动合同到期，打算与公司续约。没想到，公司根本没有续约的打算，直接终止了与吴女士的劳动合同。

吴女士认为公司的这种行为是不合法的，就向当地的劳动人事争议仲裁部门提出申请，要求公司延长劳动合同。

劳动仲裁部门了解情况以后进行了审理，认为按照《劳动合同法》的规定，吴女士就职的公司应该续延吴女士的劳动合同，直到吴女士结束孕期。

目前的情况是，吴女士就职的公司显然违反了有关规定，必须承担相应的法律责任。在劳动仲裁部门的调解下，公司顺延了吴女士的劳动合同。

第9章　企业经营法则
——创业可以变得富有，但不要忽略其中的法律风险

【现身说法】

《劳动合同法》第四十二条规定：**劳动者有下列情形之一的，用人单位不得依照本法第四十条、第四十一条的规定解除劳动合同：**（一）从事接触职业病危害作业的劳动者未进行离岗前职业健康检查，或者疑似职业病病人在诊断或者医学观察期间的；（二）在本单位患职业病或者因工负伤并被确认丧失或者部分丧失劳动能力的；（三）患病或者非因工负伤，在规定的医疗期内的；（四）女职工在孕期、产期、哺乳期的；（五）在本单位连续工作满十五年，且距法定退休年龄不足五年的；（六）法律、行政法规规定的其他情形。

处在怀孕期间的吴女士不能被就职单位解除劳动合同，并且根据《劳动合同法》的有关规定，即便合同到期，处在孕期的吴女士同样受到法律的保护，公司必须顺延合同日期，直到吴女士的哺乳期结束。

《劳动合同法》第四十五条规定：**劳动合同期满，有本法第四十二条规定情形之一的，劳动合同应当续延至相应的情形消失时终止。但是，本法第四十二条第二项规定丧失或者部分丧失劳动能力劳动者的劳动合同的终止，按照国家有关工伤保险的规定执行。**

【读法心得】

对于用人单位来说，处在怀孕期间的女员工即便合同到期了，也不能终止对方的劳动合同。

《民法典》第五百零七条规定了争议解决条款的独立性：**合同不生效、无效、被撤销或者终止的，不影响合同中有关解决争议方法的条款的效力**。所以，员工可以向劳动仲裁部门提出仲裁申请。但这不代表公司必须续约劳动合同，此时，劳动合同的状态是"顺延"——顺延到女员工的孕期、产期、哺乳期结束，并非重新签订。

在此期间，女员工可以享受原本劳动合同上的待遇。等到女员工的哺乳期结束，顺延的期限就算结束了，这时候，公司才能选择与女员工是续约还是终止劳动合同。

/第10章/ 新刑法与新刑罚

——不吃亏也别犯法，
  谁也承受不起犯罪的代价

在所有的法律条文中，《刑法》的量刑标准是最严厉的。触犯了别的法律叫违法，触犯了《刑法》条例就叫犯罪，是一辈子抹不去的污点，不仅影响自身，甚至会影响子女的未来。因此，学会利用法律维护自身合法权益的时候，千万要记住谨言慎行，不要触碰法律红线而抱憾终生。

行政拘留与刑事拘留的界限是什么

【案件缘由】

案例 1：

2018 年 12 月 12 日晚 10 点，地点西安，曹某在一家夜市烧烤摊上吃饭。因为天气较冷，曹某要了一瓶白酒喝起来，随后借着酒劲向摊位老板借用手机，表示自己行动不便，要打电话让妻子来接。

当时，老板正在招呼其他客人，便让曹某稍等片刻。没想到，曹某听完老板的回答便发起疯来，认为自己受到了轻视，大喊大叫地蹬坏了摊位上的撑伞，随后便逃离现场。

摊位老板见曹某逃离，便不再继续追究。曹某跑到北街十字路口之后，发现路边停着一辆急救车，便摇摇晃晃地走过去，冲司机打了一声招呼，想让他捎自己一段路。

司机不认识曹某，只当他是醉酒后无理取闹的路人，便以"正在执行紧急任务，无法帮忙"的理由拒绝了。曹某看到自己再次遭到拒绝，恼羞成怒，挥起拳头砸向司机，随后笑嘻嘻地逃离了现场。

司机被殴打之后，立刻报了警，曹某于当夜 11 点被带

第10章 新刑法与新刑罚
——不吃亏也别犯法，谁也承受不起犯罪的代价

到派出所接受调查。当曹某被带上警车时，他还咋呼呼地拉着民警说段子、攀交情。

第二天早上8点，曹某才从醉酒中醒过来。看完办案民警录制的酒后闹事视频，曹某对昨晚酒后寻衅滋事的行为供认不讳。得知自己要被公安机关依法予以5日的行政拘留处罚后，他更是后悔不已。

案例2：

2018年3月12日，广东湛江警方接到多名群众报警，称自己家中的窗户被撬，家中的照相机、笔记本电脑等贵重物品被盗，现金损失若干。

接到报警后，警方人员随即展开调查。

警方人员走访案发现场后，发现这几起盗窃案件都发生在同一个小区，作案时间大约在晚上8点到9点。几户被盗人家的窗户所撬位置和手法均十分相似，可以认定是同一作案人。因为短时间内发生多起入户盗窃案，公安民警对此非常重视，随即组建专案组展开调查。

经过几日的走访调查，专案组民警根据所掌握的线索锁定了一名犯罪嫌疑人陈某。3月15日11时许，民警在一家网吧将陈某抓获，并在陈某所住出租屋内缴获了大量照相机、手表、手机等赃物。

经过审讯，陈某对自己所犯罪行供认不讳。除了报案小

区的几起盗窃案外,陈某还供出自己在广西、贵州的几起盗窃案。在法院审判之前,陈某被依法予以刑事拘留。

【现身说法】

虽然行政拘留和刑事拘留从形式上看都是拘留,但两者有着本质的不同。

首先,从法律性质上看,行政拘留是因为违反《中华人民共和国治安管理处罚法》(以下简称《治安管理处罚法》),也称治安拘留,是一种行政处罚手段,主要适用于尚未构成犯罪的违法者。刑事拘留则是一种保障诉讼顺利进行而采取的强制性手段,拘留本身并不是要处罚。刑事拘留针对的对象是触犯《刑法》条例、需要追究刑事责任的罪犯或者有重大嫌疑的犯罪分子。

第10章 新刑法与新刑罚
——不吃亏也别犯法,谁也承受不起犯罪的代价

其次,两者的目的也有不同。行政拘留的主要目的,在于通过拘留手段惩罚或者教育违法者,只有公安机关有权对违法者予以行政拘留。刑事拘留的主要目的是防止罪犯逃跑,保障后续刑事诉讼的顺利进行,拘留的决定权在公安机关和人民检察院手中。

再次,两者的拘留时限不同。一般来说,行政拘留的最长时限为15天。如果被羁押人有其他违法行为,在数罪并罚的情况下最高可以拘留20天。正常情况下,刑事拘留的最长时限只有14天。如果碰到多次作案、团伙作案或者流窜作案的重大犯罪嫌疑分子,最长拘留期限可以延长到37天。

最后,被羁押者的权利不同。行政拘留是一种具体的行政行为,如果被羁押者对行政结果不服,可以向决定机关的同级或者上一级机关申请复议。对复议结果仍旧不服的,还可以向人民法院提起诉讼。刑事拘留是一种具体的刑事司法行为,其目的本身不是惩罚,而是一种短期内剥夺人身自由的强制性措施,被羁押者没有提起诉讼或者复议的权利。

【读法心得】

行政拘留虽然是行政处罚中最严厉的一种,但不会留下犯罪记录的案底。不过,受过行政处罚的人员还是会在公安系统中留下相关记录,这对个人报考公务员或者应聘特殊单

位时会产生不利影响。如果个人在 5 年内再次受到行政处罚，将会加重处理。

刑事拘留不仅会留下个人的犯罪记录，将来对子女入学、报考公务员也会产生非常不利的影响。因此，遵纪守法，不仅是对自己负责，也是对家人的负责。

能动手就别吵吵，你可知道动手的代价有多大

【案件缘由】

2018 年 7 月 4 日晚，福建省龙岩市新罗区一家便利店里，杨某和黄某买了几瓶啤酒准备离开。当时，便利店门口坐着几个年轻人聊天，其中一人陈某觉得杨某似曾相识，便多看了两眼。

这一举动让杨某十分不爽，他质问陈某"看什么看"。陈某也不客气，回怼了几句，两人就起了言语冲突。

杨某上前准备殴打陈某时，被黄某拉住，陈某一行人则围上来跟杨某对骂。双方言语之间的交锋越来越激烈，杨某一气之下摔碎了刚买的啤酒，表示要找人弄死陈某。陈某伸长脖子表示不怕死，放言有种就放马过来。

双方之间的激烈冲突吸引了不少路人，有人驻足观看后

第10章 新刑法与新刑罚
——不吃亏也别犯法，谁也承受不起犯罪的代价

添油加醋地讽刺杨某光说不练，只会在言语上逞能。虽然杨某一再作势要给陈某一点颜色看看，但一直被黄某死死拉住，最终，两人骑上电动车离开了现场。

大家原以为事情到此就结束了，没想到10分钟后，杨某骑着电动车返回现场，在靠近陈某时突然加速撞了上去。辛亏陈某等人早有防备，见势不妙躲过了电动车的撞击。

杨某下车后，操起一旁的酒瓶就朝陈某砸去，一击不中后，他冲上前去抓住陈某的衣领举拳便打。

好在陈某一伙人多，不一会儿就控制住了杨某，随后陈某拨打了报警电话。警察到达现场后，了解了事情的来龙去脉，将他们带回派出所。最终，杨某以寻衅滋事被公安机关依法拘留并处罚款。

【现身说法】

《刑法》第二百九十三条规定：**有下列寻衅滋事行为之一，破坏社会秩序的，处五年以下有期徒刑、拘役或者管制：**（一）随意殴打他人，情节恶劣的；（二）追逐、拦截、辱骂、恐吓他人，情节恶劣的；（三）强拿硬要或者任意损毁、占用公私财物，情节严重的；（四）在公共场所起哄闹事，造成公共场所秩序严重混乱的。

纠集他人多次实施前款行为，严重破坏社会秩序的，处五年以上十年以下有期徒刑，可以并处罚金。

上述案例中，杨某的行为属于随意殴打他人且情节恶劣，应以寻衅滋事罪对其进行拘留管制。如果杨某的行为对陈某造成伤害，如骨折、脑震荡等，杨某的罪名便变成故意伤害罪。

当然，在日常生活中，很多人觉得动手打两下也没有什么，甚至觉得造成对方轻伤也构不成犯罪。可是，一旦有人报警，无论构成轻伤与否，均以寻衅滋事罪拘留管制。

除了打架斗殴之外，在网上发布谣言、吃霸王餐等行为，均构成寻衅滋事罪。因此，勿以恶小而为之，一旦受到处罚，在自己的人生履历中留下污点，自己的工作前程不仅受到影响，还可能影响家人的一生。

【读法心得】

很多街头突发的斗殴事件，除了当事人过于激动外，路人的起哄也是重要的催化因素。

所谓"能动手就别吵吵"，不过是一句逞能的诳语，一旦动起手来，事情的发展就不是想停就能停下来的。

发生了冲突，冷静沟通、寻求合理解决问题的渠道才是最应该做的事。否则，只要警方介入，无论是冲突的哪一方都逃脱不开法律的惩罚。

你以为自己只是醉驾，但可能是危害公共安全

【案件缘由】

河南某市，2019年7月的一天晚上，富家女谭某与伙伴张某、刘某一起到市里一家烧烤店喝酒撸串，三个年轻人相谈甚欢，酒也没少喝。

饭后，张某曾电话联系代驾，但已经醉酒的谭某一意孤行，驾驶自己的豪车载着两名伙伴向家中驶去。他们当时应该也没有想到，谭某的酒后驾车行为会酿成一场人间惨剧。

谭某在驾车进入市区以后，因醉酒出现驾驶行为慌乱，先后与6辆停在路边的汽车发生剐蹭。谭某在驾车逃逸过程中，又与停在路边的一辆汽车以及相向行驶的一辆轿车发生碰撞。此时，谭某因无法驾车通过才被迫停下。

被撞车主及周围群众对这种危险驾驶行为进行谴责，张某与刘某怂恿谭某赶快离开。谭某依言而行，不顾群众劝阻，强行冲出现场逃逸。

谭某驾驶车辆在慌乱之中高速行驶，行至亮着红灯的路口处，又追尾正在等待通行信号灯的一辆轿车。轿车的油箱受到猛烈撞击，车辆瞬间起火爆燃，车内三人两死一重伤，

谭某、刘某、张某被公安机关当场抓获。

消息传出，大家对这种置他人生命财产安全于不顾的恶劣行为，表达了极大的愤慨与谴责。随后，此案件由当地司法机关进行了公正严明、细致认真的审理。

2020年1月16日，当地中级人民法院公开庭审此案，被告人谭某、张某、刘某被定性为"以危险方法危害公共安全罪"。

最终审判结果，被告人谭某，被判处无期徒刑，剥夺政治权利终身；被告人张某，判处有期徒刑3年，缓刑3年；被告人刘某，判处有期徒刑3年，缓刑3年。

审判结果公之于众以后，有些群众费解了，不就是一个醉酒驾驶外加肇事逃逸事故，怎么上升到"以危险方法危害公共安全"了？而且，为何一人醉驾，三人犯法？

【现身说法】

"以危险方法危害公共安全罪"，是一个概括性罪名。《刑法》第一百一十五条规定：**放火、决水、爆炸以及投放毒害性、放射性、传染病病原体等物质或者以其他危险方法致人重伤、死亡或者使公私财产遭受重大损失的，处十年以上有期徒刑、无期徒刑或者死刑。**

本案中，经司法部门检测，谭某血液中酒精含量严重超标，被认定为醉酒驾车、危险驾驶，应以"危险方法危害公共安全罪"追究行为人的刑事责任。

谭某的违法行为,全部符合以上条件。那么,为什么同车人员刘某、张某在没有驾驶车辆的情况下,也会被以同样的罪名起诉呢?

《民法典》第一千一百六十九条规定:**教唆、帮助他人实施侵权行为的,应当与行为人承担连带责任**。被告人刘某、张某在明知谭某醉驾并已肇事的情况下,仍怂恿、教唆其逃逸,导致其后发生了非常严重的后果,故三人的行为都构成"以危险方法危害公共安全罪",视情节而定,谭某属于主犯,刘某、张某属于从犯。

【读法心得】

笔者希望爱好喝酒的朋友切记一点:开车千万别喝酒,喝酒千万莫开车。因为几杯美酒下肚而不听劝阻驾车上路的,不知会有多少血泪流出。

同时,也希望大家能够明白,无论你是有钱还是有权,在公正严明的法律之下,你都没有为所欲为的特权,一旦做了违法的事,等待你的一定是非常严厉的处罚!

认定强奸只看女性表述,遭遇诬陷怎么办

【案件缘由】

2019年5月3日,杭州警方接到报案,报案人婷婷表示自己被公司上司王某强奸。她告诉警方,当日下午3点,王某以工作为由来到她所在的出租屋内见面。随后,王某见出租屋内只有婷婷一人,便拿起水果刀威胁其发生关系,自己手上的伤痕以及体内的DNA都可以作为证据。

警方随即传唤了王某,但王某全部予以否认,并说自己根本不认识什么婷婷。

然而,警方调查取证后发现,婷婷家里的水果刀柄、沙发上均有王某的DNA,婷婷体内残留的精液也与王某的基因型符合。很快,王某就以涉嫌强奸罪被警方依法采取拘留措施。

这时候,王某才意识到问题的严重性,不得已告诉了警方真相。

原来,王某在两年前就认识了婷婷。当时,他是公司的领导,因为业务上的关系和刚入职不久的婷婷接触得比较多,对婷婷也十分照顾。两人日久生情,就渐渐地走到一起。

第10章 新刑法与新刑罚
——不吃亏也别犯法,谁也承受不起犯罪的代价

但是,两人都已有了各自的家庭,平日的交往只能悄悄进行,哪怕在公司也极少有人知道他们的关系。

但是,天底下哪有不透风的墙。前几个月的一天,婷婷的丈夫发现了婷婷的婚外情,他一怒之下跟婷婷离了婚,又到公司大闹了一场。虽然婷婷因此离开了公司,但她和王某之间的关系并未中断。

案发当天,王某来到婷婷的出租屋内,两人发生了关系。事后,婷婷提出想吃水果,王某便帮她削了一个苹果。随后,婷婷又提出想看王某的手机,王某没有答应。婷婷便生起气来,又怂恿他与老婆离婚。王某含糊应付着,随后便借口离开了出租屋。

婷婷对王某的敷衍态度非常不满,考虑到自己刚离婚不久,现在又丢了工作,悲从中来的她忍不住哭起来。她开始给王某打电话哭诉自己的不幸,怨恨王某变心。然而,王某只是在电话里哄她,并没有任何实际行动。

心灰意冷的婷婷放下电话之后,下决心一定要让王某也体会到自己曾遭受过的痛苦。想到自己昨天做饭弄伤了手背,刚刚又和王某发生了关系,正好桌上还有一把水果刀,便拨通了报警电话,控诉王某强奸她。

最终,婷婷以诬告陷害罪被提起诉讼,判处拘留10个月,缓刑一个月执行。

【现身说法】

所谓强奸罪，就是以暴力、胁迫或者其他手段，违背妇女的意志，强行与其发生性关系的行为，处三年以上十年以下有期徒刑。

一般来说，如果当事双方是男女朋友关系，或者在女方半推半就的情况下发生性关系，不构成强奸罪。

当然，对半推半就情况的认定是比较复杂的，除了要分析性行为是在什么情况下发生的之外，还需要观察事后双方的态度、在什么情况下女方检举告发、两人在事发前的日常生活中关系如何等各方面因素。

此外，与未满 14 周岁的幼女、无自主精神行为的妇女发生性关系，无论对方自愿与否，都构成强奸罪。

《刑法》第二百四十三条规定：**捏造事实诬告陷害他人，意图使他人受刑事追究，情节严重的，处三年以下有期徒刑、拘役或者管制；造成严重后果的，处三年以上十年以下有期徒刑。**在被诬告强奸的情况中，男方是相对弱势的。如果两人发生关系的场所比较私密，发生关系后女方指控男方强奸，男方受到刑罚的可能性就比较大。

【读法心得】

有一点要提醒大家的是，不要用道德问题，去判断一个男人是否犯了强奸罪；不要因为一个女人平日行为放荡，就认为她和别人发生关系一定是出于自愿。

助人为乐被碰瓷，可否反诉对方恶意诈骗

【案件缘由】

2021年4月初，两个初中生放学后骑自行车回家经过一个路口时，看见前面有一位老人骑电动车在马路上逆行。老人在行至一井盖处的时候，因驾驶不慎摔倒。两个学生见状，赶紧上前帮助，一个扶起老人，另一个则扶起电动车。

一个学生的家长知道这件事之后，立马赶到现场，为孩子助人为乐的品质感到欣喜，同时觉得这是一次教育孩子的好机会。于是，家长和孩子一起将老人送到医院，并垫付了5000多元医药费。

然而，让所有人没有想到的是，本来一场充分体现社会和谐的事件却演变成现代版"农夫与蛇"。被送到医院之后，老人拉住两个孩子不让走，宣称自己就是被这两个孩子撞倒的。她对于孩子和孩子家长的出手相助没有半点儿感激之情，一开口就是让孩子家长赔偿医药费5000元。

老人的子女赶到医院之后，看见母亲摔得浑身是血的惨

状也十分激动，在没有了解事情真相的情况下就贸然相信了老人的说辞，堵着孩子家长不让其离开。

事情的发展走向让这位家长始料未及，原本他打算用这个机会教育孩子拥有美德的重要性，然而，老人的反咬一口却与初衷背道而驰。

现在，孩子不仅留下了心理阴影，对家长也是满怀愧疚，因为他们认为正是自己的行为给家长带来了麻烦，为此还躲在洗手间里悄悄哭泣。在这种情况下，这位家长只好拨通报警电话，并向媒体寻求帮助。

经过警察的调解，老人同意退还孩子家长垫付的4000元医药费，但对于剩下的1000元坚决不予退还，因为她依然坚持是这两个孩子撞倒了她。

后来，交警出具了责任认定书，明确此次事故由老人自己负全责。但面对责任认定书，老人依然不依不饶，表示："我不管交通规则，但我的良心过得去，就算去法院打官司，我也不会还钱，还得要求索赔。"按照老人的逻辑推理，如果孩子没有撞倒她，为什么煞费苦心地送她到医院检查，还垫付了5000多元的医药费？

虽然老人胡搅蛮缠，但其子女了解真相后，还是很厚道地退还了医药费，并向孩子家长致歉，对孩子助人为乐的行为表示感谢。

第10章 新刑法与新刑罚
——不吃亏也别犯法,谁也承受不起犯罪的代价

【现身说法】

对于讹人者,单单从法律层面进行批评教育远远不够,还应当依法进行处罚。讹人者通过虚构事实强行向他人索要钱财,不仅涉嫌诬陷,更构成敲诈勒索。案例中,老人利用他人的善心妄图讹诈,这不单单是个人的道德问题,也是违法的行为。《民法典》第一百四十八条规定:**一方以欺诈手段,使对方在违背真实意思的情况下实施的民事法律行为,受欺诈方有权请求人民法院或者仲裁机构予以撤销。**

虽然对于讹人的行为有法可依,但大多数人认为《治安管理处罚法》中的惩罚行为过轻。鉴于当代"农夫与蛇"的行为影响恶劣,给整个社会带来极其负面的效应,为了严正风气,司法机关应该严厉处罚,增加讹人者的违法成本。

对于多次讹人或者职业碰瓷者,涉案金额较大的,可以认为触犯了刑法。《刑法》第二百七十条规定:**敲诈勒索公私财物,数额较大或者多次敲诈勒索的,处三年以下有期徒刑、拘役或者管制,并处或者单处罚金;数额巨大或者有其他严重情节的,处三年以上十年以下有期徒刑,并处罚金;数额特别巨大或者有其他特别严重情节的,处十年以上有期徒刑,并处罚金。**

为了鼓励见义勇为、助人为乐的行为,《民法典》第一百八十四条做出相关规定:**因自愿实施紧急救助行为造成**

受助人损害的,救助人不承担民事责任。因此,无论是从道德层面还是法律层面,社会各方面都站在好人这一边。

【读法心得】

案例中描述的事件在近些年来屡见不鲜,很多民众对这种反咬一口的行为更是深恶痛绝,并纷纷表示:如此恶劣的行为不应该简单地道歉了事,应该入刑,这样才能减少此类寒心的事件发生。

如此想法是可以理解的,但完善法律并非朝夕之功,社会发展也需要时间。在此之前,我们依然可能碰到摔倒的老人或者自身就是需要帮助的人,只有人人都用实际行动鼓励见义勇为,当下的社会风气才能更加美好。

患有精神类疾病,就可以为所欲为吗

【案件缘由】

2017年7月2日,王建国与王建华在村里修建的院坝上聊天。12时左右,两人因玩笑不当引发口角,随后争吵愈演愈烈,最终爆发肢体冲突。

在冲突过程中,王建国操起旁边的一根木棍就打向王建

第10章 新刑法与新刑罚
——不吃亏也别犯法,谁也承受不起犯罪的代价

华的头部。王建华躲闪不及被木棍击中头部,因为木棍一端带有生锈的铁钉,王建华在送往医院抢救的途中不治身亡。

随后,王建华家属起诉了王建国。

庭审中,法院认为王建国采用暴力手段致人死亡,严重危害了公民的人身安全。但从法院鉴定程序给出的结果来看,王建国是不负刑事责任的精神病人,因此无法追究其刑事责任。考虑到王建国有继续危害社会安全的可能,法院遂做出对王建国予以强制医疗的决定。

然而,王建华家属对这个判决并不满意,他们要求王建国家属赔偿王建华死亡赔偿金、丧葬费、子女抚养费等各项经济损失,共计25万元。

在对王建华家属的诉求做出正式庭审之前,审判长先对原告和被告的家属做了庭前调解。因为王建国、王建华本是同村的堂兄弟,家境情况都不是很好,全是地方政府认定的低保困难户,要让王建国家属一下子拿出25万元也不现实。而且,两家子女的关系一直不错,具备良好的调解基础,所以,审判长非常重视这次调解工作。

但是,因为双方的家属都不了解法律知识,尤其是王建国家属对于自己的监护责任存在认识偏差,他们并没有在调解过程中达成共识。开庭审理之后,法院向双方家属再次阐述了相关法律规定。庭审结束后,审判长询问原告和被告是否愿意继续调解,得到了肯定的答复。

最终，在法院、村长等多方的共同调解下，王建华家属有所让步，王建国家属也拿出诚意赔偿了一定的经济损失，王建国也被送往特定医疗机构强制治疗。

【现身说法】

《民法典》第二十二条规定：**不能完全辨认自己行为的成年人为限制民事行为能力人，实施民事法律行为由其法定代理人代理或者经其法定代理人同意、追认；但是，可以独立实施纯获利益的民事法律行为或者与其智力、精神健康状况相适应的民事法律行为。**精神病人不用承担刑事责任，其实是一个误解，或者说是对法律理解得不全面。哪怕手持"精神残疾证"，依然不可能为所欲为，也不意味着所有的行为都不用承担法律责任。

精神病人出现杀人、伤人等严重危害公民人身安全的事故之后，第一件事，就是判断病人行凶时是否处于发病期、

第10章 新刑法与新刑罚
—— 不吃亏也别犯法，谁也承受不起犯罪的代价

犯罪过程中是否清醒，以此判断其是否需要承担相应的刑事责任。

那么，什么是辨认能力和控制能力呢？简单地说，辨认能力，是能不能认识到自己的行为是非法能力；控制能力，是能否控制自己的意志实施犯罪行为的能力。

《民法典》第一千一百九十条规定：**完全民事行为能力人对自己的行为暂时没有意识或者失去控制造成他人损害有过错的，应当承担侵权责任；没有过错的，根据行为人的经济状况对受害人适当补偿。**

完全民事行为能力人因醉酒、滥用麻醉药品或者精神药品对自己的行为暂时没有意识或者失去控制造成他人损害的，应当承担侵权责任。

根据对辨认能力和控制能力鉴定的结果，精神病人大概有三种刑事责任能力：完全刑事责任能力、部分刑事责任能力和无刑事责任能力。

完全刑事责任能力是指精神健全的人作案，或者精神病人在作案时不处于发病期，意识清醒。当然，因为醉酒、滥用麻醉药品或者精神药品引起意识不清而引发的犯罪仍须承担相应责任；部分刑事责任能力是指病人尚未完全丧失辨认能力和控制能力，需要承担刑事责任，但可以从轻处罚；无刑事责任能力是指病人犯罪时完全丧失辨认能力和控制能力，不负刑事责任，但应责令其监护人严加看管，必要时予

以强制医疗。

《民法典》第二十八条规定：**无民事行为能力或者限制民事行为能力的成年人，由下列有监护能力的人按顺序担任监护人：（一）配偶；（二）父母、子女；（三）其他近亲属；（四）其他愿意担任监护人的个人或者组织，但是须经被监护人住所地的居民委员会、村民委员会或者民政部门同意。**

因此，作为精神病人的监护人，有义务监护病人，对于病人引发的违法犯罪事故需要承担相应的民事责任。所以，精神病人可以为所欲为这个说法并不准确，最后承担责任的要么是病人自己，要么是病人家属。

【读法心得】

有朋友会想当然地认为，虽然精神病人有可能承担相应的刑事责任，但只要伪装犯罪时丧失了辨认能力和控制能力，不就可以逃脱法律的制裁了吗？

从理论上讲，这样的做法没有错，但实际操作起来几乎不可能。因为鉴定精神问题需要一系列的测试和观察，想要蒙混过关几乎不存在可能性。

/第11章/ 诉讼与仲裁

——不惹事也不怕事，
　　　不可不知的"告状"那些事儿

　　生活在法治社会中的我们，没有必要主动招惹事端，但要是自身合法权益受到侵害，也应该勇敢地拿起法律武器来保护自己，劳动仲裁委员会、消费者协会、人民法院等都是为我们伸张正义的地方。

申请劳动仲裁，为什么被告知已经过期了

【案件缘由】

2019年1月，深圳罗湖区劳动仲裁委员会接到一份仲裁申请。申请人罗宾称，他于2016年1月入职深圳一家互联网公司，双方签订的劳动合同中约定，罗宾每月的基础工资为15000元，提成另计。

2018年5月18日，罗宾向公司提交辞呈，理由是公司拖欠工资并拒缴社保。2019年1月，罗宾因为与公司沟通多次无果，向当地劳动仲裁委员会提交了仲裁申请，要求公司支付拖欠的工资共计195004.32元、未休年假的加班工资10980元、违规解除劳动合同的经济补偿金25000元。

仲裁委员会收到申请，随即向罗宾原公司发送仲裁通知。公司收到通知后，委托周律师代理该案件。周律师先了解了罗宾的个人情况，查阅了他在公司时的所有相关文件，发现罗宾的实际离职时间是2017年4月28日。

当时，罗宾负责公司的一个外包项目，因为业务需求量大，他从公司离职，自己成立了一家工作室对接原先公司的外包需求，双方就此签订了合作合同。2018年5月18日，

因为公司的业务调整，相关外包项目需求下降，双方便解除了合作合同。

了解完事情的来龙去脉之后，周律师当庭向仲裁委员会提交了证据，表示罗宾离职时间是 2017 年 4 月 28 日，他在 2019 年 1 月才提交仲裁申请已经过了仲裁时效，没有资格再向仲裁委员会提起仲裁诉求。

经过对双方提交证据的对比，仲裁委员会最终认定罗宾的各项诉求已经超过仲裁时效，故驳回其全部仲裁请求。

【现身说法】

《劳动争议调解仲裁法》第二十七条规定：**劳动争议申请仲裁的时效期间为一年。仲裁时效期间从当事人知道或者应当知道其权利被侵害之日起计算……劳动关系存续期间因拖欠劳动报酬发生争议的，劳动者申请仲裁不受仲裁时效期**

间的限制；但是，劳动关系终止的，应当自劳动关系终止之日起一年内提出。

另外，假如你在一年之内曾向公司主张要求履行合同约定，或者向有关部门请求过自身权益保护，但因为某些原因中断的，申请仲裁的时效则从中断之日起重新计算。此外，因为不可抗力或者其他正当理由，当事人不能在规定的仲裁时效期间申请仲裁的，仲裁时效中止。从中止时效的原因消除之日起，仲裁时效期间继续计算。

这里说的"不可抗力"，《民法典》第一百八十条规定：**不可抗力是不能预见、不能避免且不能克服的客观原因**。至于"其他正当理由"的范围比较宽泛，一般包括但不限于生病、不知道有仲裁委员会而向其他机构提交权益保护请求而延误时间等。一般来说，决定理由是否正当，应由仲裁委员会做出决定。

【读法心得】

有朋友可能会问，假如自己不小心超过法律规定的一年仲裁时效，是不是就没有办法补救了呢？也不尽然。因为，除了劳动仲裁机构外，我国还有劳动保障行政部门。

对于用人单位存在一年以上未超过两年的劳动违法案件，劳动保障行政部门依然有权动用行政管理的规定条例，对用人单位的违法行为做出惩罚。当然，你有合理的原因说明自己为什么错过了仲裁时效,也可以不受一年的仲裁时效限制,继续提起仲裁。

伤残等级,对应怎样的法律责任与赔偿额度

【案件缘由】

2018年4月,家住长沙的赵女士决定对新买的一套住房进行装修。经朋友介绍,赵女士找到一名拥有10年装修经验的李师傅。李师傅与赵女士商议后,他决定采用"包工不包料"的形式为赵女士的新房粘贴瓷砖,报酬总共为15000元。

2018年6月12日,因为工作不慎,李师傅从高达2.5米的自搭脚手架上摔落,小腿、手臂、肋骨均有不同程度的骨折。受伤后,李师傅被送往长沙第一医院治疗,直到8月25日才出院。

出院后不久,李师傅旧伤复发,再次被送入医院治疗。这两次住院,医药费用将近10万元,其中赵女士垫付了20000元。第二次出院后,当地司法鉴定中心出具了伤情鉴定结论,将李师傅的伤情定为七级伤残。除此之外,鉴定报告中还列出了李师傅的误工费、营养费等各项损失费用。

因为自己是为赵女士干活时受伤的，因此，李师傅希望赵女士能赔偿这次受伤引起的各项损失费共计24万元。

赵女士认为自己已经为李师傅垫付了部分医药费，而且李师傅受伤是自己操作不慎引起的，她已经仁至义尽，没有义务再赔偿其他损失。

双方协商不成，李师傅将赵女士告上法庭。

法院审理中，双方律师争辩的焦点在于，李师傅和赵女士到底是雇佣关系还是承揽关系。如果是雇佣关系，雇主就有责任对受伤的雇员赔偿相应的损失；如果是承揽关系，只要赵女士没有在工作指导上有过失，就没有义务承担相应的责任。

双方就此展开辩论。法院审理后认为，赵女士和李师傅属于承揽关系，因为李师傅在施工时不受赵女士的监督和管理，双方也没有约定固定的上下班时间。

法院经调查还得知，事发前不久，李师傅曾因腰椎病住院5天，医生嘱咐他避免剧烈运动。此次受伤，李师傅没有尽到必要的安全注意事项，应该承担主要责任；赵女士没有对李师傅的健康情况进行核查，也应当承担次要责任。

【现身说法】

《民法典》第一千一百九十三条规定：承揽人在完成工作过程中造成第三人损害或者自己损害的，定作人不承担侵

第 11 章 诉讼与仲裁
——不惹事也不怕事，不可不知的"告状"那些事儿

权责任。但是，定作人对定作、指示或者选任有过错的，应当承担相应的责任。

在我国，伤残认定等级共有十级。用人单位为员工缴纳保险，受伤员工可以凭借伤残鉴定等级拿到保险基金一次性发放的伤残补助金。如果用人单位没有为员工缴纳工伤保险，那么，就由用人单位为员工一次性支付全部赔偿金。

对于工伤的鉴定，应该由用人单位于员工发生工伤后 30 日内向当地社保机构申请认定。如果用人单位没有提交相关工伤认定申请，员工本人或者其直系亲属可以在事故发生起一年内自行向当地社保机构申请认定。

工伤认定后，受伤员工可以有一段时间的停工留薪期。在此期间，员工的工资、福利、补贴、保险等各项待遇不变，由用人单位按月支付。一般来说，停工留薪期不会超过 12 个月。

【读法心得】

工伤事件发生后，当事人应尽快去医院治疗，毕竟身体健康是第一位的。随后，不论用人单位有没有为当事人购买工伤保险，都应该到当地的工伤鉴定中心申请工伤等级鉴定，这样才能凭此拿到属于自己的工伤赔偿。

拿到评定的工伤等级鉴定后，当事人可以继续留在公司享受一段时间的停工留薪期。

别有用心的虚假诉讼，是否构成违法犯罪

【案件缘由】

2014年，林飞在厦门市承包了某商业广场的建设施工，当时手下的工人超过100人。2016年，商场施工结束，但林飞并没有给这些工人发放工资。工人都向林飞要一个说法，林飞声称自己也没有收到工程款，目前正在跟开发商交涉，只要收到工程款，一定会第一时间给所有工人一个交代。

然而，一年过去了，所有工人依然没有要到工资。他们不断地催促林飞去找开发商要钱，林飞虽然也交涉多次，但始终没有一个令人满意的结果。2017年4月，其中一个农民工叶斌无意间听说开发商已经给林飞打过工程款，但为什么自己一直没有收到工资呢？

叶斌找到几个当初的工友，经过几天的走访后发现，林飞在几次讨要工程款未果之后，以手下100多个工人的名义向劳动仲裁委员会申请了劳动仲裁。因为涉案人员众多，劳动仲裁委员会十分重视，经过几次调解，开发商同意支付210万元用于建筑工人的工资发放。但是，拿到这笔钱的林飞并没有向工人发放工资，而是悄悄吞下了这笔工程款。

/第11章/ 诉讼与仲裁
——不惹事也不怕事，不可不知的"告状"那些事儿

叶斌等人气愤不已，找到林飞索要自己的工资，但是被林飞拒绝了。没有办法，叶斌向当地法院提出诉讼。

接到这个案件之后，法院对案情资料进行梳理，发现林飞仲裁案件的发生地、民工住所、仲裁委员会所在地等均不在一个省份；案件中所用的农民工诉讼身份证明，大多是身份证复印件或未加盖公章的公安局常住人口登记表等。

经过细致的调查，法院还原了事件的真相：林飞利用国家对农民工工资的特殊保护政策，冒用或盗用了手下100多个农民工的身份信息，制造了虚假仲裁。其目的根本不是帮农民工追讨工资，而是把自己的工程款虚构成农民工工资，以此获得优先赔偿。

了解事情的真相后，法院对原审判决提出抗诉，案情进入再审阶段。最终，法院撤销了原民事调解决议书，并对林飞涉嫌虚假诉讼犯罪进行立案侦查。

【现身说法】

所谓的虚假诉讼，就是打"假官司"，一般指当事人出于非法的动机或者目的，滥用自己的诉讼权利，用虚构民事纠纷、伪造证据向法院提起民事诉讼，并使法院做出错误裁定的行为。

根据有关法律和司法解释的规定，虚假诉讼的行为包括但不限于：1. 与夫妻一方恶意串通，捏造夫妻共同债务；2. 与

他人恶意串通,捏造债权债务关系和以物抵债协议;3.与公司、企业的法定代表人或实际控制人、董事、监事、经理或者其他管理人员恶意串通,捏造公司、企业债务或者担保义务;4.捏造知识产权侵权关系或者不正当竞争关系……

根据虚假诉讼行为处于不同的诉讼阶段,我国对虚假诉讼的惩戒手段有训诫、罚款、拘留、失信惩戒等制裁措施。如果情节严重涉嫌犯罪的,移送公安机关有关部门处理。

《民法典》第一百五十七条规定:**民事法律行为无效、被撤销或者确定不发生效力后,行为人因该行为取得的财产,应当予以返还;不能返还或者没有必要返还的,应当折价补偿。有过错的一方应当赔偿对方由此所受到的损失。**

【读法心得】

虚假诉讼行为不仅侵害了真实权利人的合法权益,也对正常司法秩序造成严重的干扰。因此,全国各级司法机构对于虚假诉讼的打击力度越来越大,相关的法律监督力度也在不断完善。

笔者认为,要减少虚假诉讼案件的发生,办案机构首先要加大调查取证的力度,最好是传唤当事人当庭询问。比如,林飞做出虚假仲裁一案,如果仲裁机构传唤当事民工到场,就不会造成后面的乌龙事件。

/第 11 章/ 诉讼与仲裁
——不惹事也不怕事,不可不知的"告状"那些事儿

打官司时,聊天记录能否作为有效证据

【案件缘由】

案例 1:

朱权和王康在同一家公司工作。2019 年 10 月 12 日,王康因资金周转困难,开口向朱权借 6000 元。

朱权考虑到平日两人的业务来往比较多,为了今后在工作上能更好地开展下去,不好意思拒绝,便分别从微信、支付宝转账 4000 元和 2000 元给了王康。

11 月 15 日,当天公司发放工资,于是王康通过微信还了朱权 3000 元,并在微信上告知,剩余的 3000 元等下次发工资的时候再还。

然而,一直等到 2020 年 1 月,王康都没有再提还钱的事。到了年底,公司办年会那天,朱权本想再提醒一下王康,但左等右等就是没见到他参加年会。询问跟王康同部门的同事才知道,王康已经于两天前从公司离职了。

朱权赶紧通过微信询问王康什么时候还钱,但迟迟等不到王康的回复。后来,朱权又通过其他方式尝试联系王康,都没有得到回复。没有办法,朱权将王康告上法庭,请求法

院审理此事。

庭审过程中，朱权提交了他和王康之间的微信聊天记录，上面详细记载了双方借款前后的对话，以及1月以后王康的故意失踪。同时，也提交了双方微信、支付宝转账记录的电子回单。

法院经过审理后认为，朱权提交的各种证据形成了完整的证据链，事实经过清楚，王康存在借钱事实，对朱权的诉求予以支持。

案例2：

2019年5月，陈果和孙越正式确立恋人关系。两人同在一家公司工作，陈果又是公司里公认的女神，因此，孙越对陈果百依百顺。两人谈恋爱期间，每逢情人节、七夕节、618购物节、圣诞节等特殊日子，孙越都会给陈果发微信红包，每次金额为520元、1314元、66.6元不等。

国庆节后，陈果向孙越提出分手。孙越答应了，但要求陈果把恋爱期间接受的微信红包全部还给他。没想到，陈果一声不响直接拉黑孙越。孙越气不过，将两人恋爱期间的聊天记录截图打印出来，提交到当地法院要求陈果还钱。

法院经过审理后认为，孙越提交的截图并不能证明双方存在借贷的现实。首先，截图上并没有陈果的名字，只有一个"老婆"的昵称，头像也不是陈果本人，因此无法确定截图中的对象就是陈果。其次，孙越提交的截图并不完整，存在掐头去尾、断章取义的可能。最后，截图中虽然展示了双方的转账记录，但只能证明双方存在款项交付的行为，并不能说明这些转账是借款。

除了微信截图外，孙越并未提出其他有力证据用以证明双方存在借贷的事实。因此，法院驳回了孙越的诉讼请求。

【现身说法】

聊天记录能不能作为司法证据？答案当然是肯定的。

为了完善相关的法律法规，我国于2020年5月新实施的《最高人民法院关于民事诉讼证据的若干规定》第十四条明确指出，电子数据可以作为司法审判中的关键证据：（一）网页、博客、微博等网络平台发布的信息；（二）手机短信、电子邮件、即时通信、通信群组等网络应用服务的通信信息；（三）用户注册信息、身份认证信息、电子交易记录、通信记录、登录日志等信息；（四）文档、图片、音频、视频、数字认证、计算机程序等电子文件；（五）其他以数字化形式存储、处理、传输且能够证明案件事实的信息。

因此，在个人借贷、工作纠纷等民事案件中，聊天记录扮演着越来越重要的角色。但要让法官认可你的聊天记录具有可靠性，需要具备几个条件：

首先，如果是以照片或者截图的方式提供聊天记录，应当保证聊天记录的完整性，切不可断章取义、掐头去尾。因为聊天记录很容易被删除或者篡改，同一句话，在不同的语境中可能有完全不同的意思，所以必须保证记录的完整性。其次，必须保证聊天记录中的对象是当事者本人，不得通过技术手段伪造。

【读法心得】

随着社会的飞速发展，互联网对我们生活的影响越来越大。日常工作中，我们绝大部分的交流是通过通信进行的。因此，一旦发生纠纷，聊天记录就是一个重要的证据链条。

但由于网络技术的虚拟性质，很多数据容易被伪造或者篡改。因此，司法实践在与时俱进，把电子数据纳入证据体系的同时，必然要做出相应规范，避免电子证据被滥用而增加司法鉴定成本。

"先予执行"是怎么回事，官司没打完是否也能拿到赔偿

【案件缘由】

刘老根是广西下孟村的农民，多年来一直在外打工。因

为有门路、会找活,他一直帮助村里人外出寻找营生,村里人也非常信任他。

2015年,刘老根来到广州一家工地干活,因为工地缺人,他便找到劳务公司负责人,自告奋勇地说自己能帮忙招到工人。当时,老家正好有一群农民工兄弟前来投靠他,他便决定留下他们一起挣钱。最终,在兄弟们的互相介绍下,刘老根前前后后共为工地带来100多个农民工兄弟。

劳务公司负责人见刘老根这么有能耐,便把他提拔为工头,负责管理这些工人。

工程一直做到2018年6月才结束。三年多来,刘老根和干活的兄弟们相处十分融洽。然而,工程交工之后,他们左等右盼却没看到劳务公司发放的工资。

大家的内心都有点儿不安,害怕开发商会赖账甚至跑路,便时不时地询问劳务公司什么时候发放工资。劳务公司表示,工程目前尚未做最后结算,暂时还无法发放工资,让工人们先回去耐心等待一段时间。

可是,这一等就是大半年。眼看2019年的春节就要到了,众多工人在老家的妻儿还等着钱吃饭,不发工资拿什么过年呢?最后,刘老根带领100多个兄弟堵在劳务公司的门口,要求给个说法。

劳务公司的工作人员也很着急,半年多来始终不见建筑公司打款。他们也找过对方多次,但每次对方都含糊其辞,现在即便想给农民工发放工资，账户里也没有钱。无可奈何之下，劳务公司将开发商和建筑公司告上法庭，要求支付欠款。

法院调查后发现，7月底，开发商就已经向建筑公司支付了80%的工程款，但因为工程尚未做最后结算，建筑公司无法支付劳务费，至少在春节之前，劳务公司无法兑现自己的工资结算承诺。

为了让农民工尽早拿到工资好回家过年，法院组织劳务公司和开发商、建筑公司进行协调，但多次协调都没有结果。眼看年关越来越近，劳务公司向法院申请先予执行，由建筑公司支付30%款项先保障农民工的基本生活需要，剩下的款项等案情结束后再一并支付。最终，法院同意了这一申请。

/第11章/ 诉讼与仲裁
——不惹事也不怕事,不可不知的"告状"那些事儿

【现身说法】

所谓先予执行,是指在法律规定的情形下,法院或仲裁机构审理案件时,在最终裁决做出之前先支付当事人一定的款项,以维护其合法权益。《劳动争议调解仲裁法》第四十四条规定:**仲裁庭对追索劳动报酬、工伤医疗费、经济补偿或者赔偿金的案件,根据当事人的申请,可以裁决先予执行,移送人民法院执行。仲裁庭裁决先予执行的,应当符合下列条件:(一)当事人之间权利义务关系明确;(二)不先予执行将严重影响申请人的生活。**

上述案例中,农民工和劳务公司之间的权利义务关系明确,不先予执行将严重影响农民工的生活,因此,法院采取先予执行的策略。

【读法心得】

辛辛苦苦工作一年甚至几年,到最后却被单位拖欠工资,导致自己的衣食住行出现问题。这虽然不是普遍现象,却是不少农民工正在遭受或曾经遭受的经历。农民工即便向法院提起诉讼或申请仲裁,依然需要漫长的时间,这往往是他们不能承受的。因此,先予执行就成为农民工维护合法权益最有力的武器,它可以最大限度地缓解当事人的燃眉之急,将损失降到最低。

被执行人拒不执行，除了抑郁就拿对方没办法吗

【案件缘由】

2016年1月，肖飞看准了共享经济火热的势头，在所在城市拉起团队准备做自己的共享单车品牌。因为之前小有积蓄，又在创业圈中颇有经验，团队开始运作之初，他就收到某天使投资人的投资。

但是，经营共享单车所需费用消耗得太快、太多，肖飞创立的公司很快就陷入无资金可用的境地。当时，周边强敌环绕，所有的竞争对手都在疯狂地融资——肖飞要么孤注一掷地从竞争中胜出，要么关门大吉惨淡收场。

这时候，肖飞想到了曾经的创业伙伴王腾，希望王腾能给他融资，共同创业。不过，王腾并不看好共享单车这个项目，他告诉肖飞可以帮忙，但只能通过借款的方式，而不是融资。肖飞虽然心有不满，但公司急需用钱，也就没再说什么。

最终，王腾借给肖飞285万元。这笔钱虽然不少，但对正处于急剧扩张阶段的共享单车公司来说，不过是杯水车薪。2016年6月，该市共享单车的市场竞争格局已经初见分

/第 11 章/ 诉讼与仲裁
——不惹事也不怕事,不可不知的"告状"那些事儿

晓:国内知名的另外两家公司,已经切入本地市场且站稳脚跟;肖飞的公司举步维艰,接近倒闭的边缘。

其间,王腾因为自己的公司资金周转困难,几次向肖飞提出还钱要求,都被肖飞拒绝了。无可奈何之下,王腾向法院提起诉讼,要求财产保全。法院很快做出裁决,鉴于事实证据确凿,肖飞公司仓库里的自行车、电动车被查封,并在法院的主持下,双方签订了调解协议。

虽然名义上调解成功了,但是,肖飞对于王腾的不满却与日俱增,怨恨他在自己最困难的时候背后插刀。王腾则认为自己尽到了朋友的责任,在肖飞最需要用钱的时候借给了他285万元,现在自己的公司也急需用钱,肖飞却袖手旁观。因此,调解书虽然已经下达,肖飞却拒绝履行调解结果。没有办法,王腾向法院申请了强制执行。

至此,曾经的创业伙伴反目成仇。面对王腾咄咄逼人的姿态,肖飞决定对抗到底,拒不执行。他在没有通知法院的情况下,私自将仓库里查封的5000多辆自行车拖走变卖,所得钱财用于偿还除王腾以外的其他债权人。做完这一切之后,他关掉手机离开了所在城市。

很快,王腾发现空空如也的仓库,要找肖飞对质时发现微信已被拉黑,电话也联系不上,遂向当地公安机关报警。一周后,肖飞在他市被执法民警抓获,带回本市。

法院经过审理,认为肖飞犯罪事实清楚,要求肖飞立即

偿还王腾欠款。肖飞认为自己公司倒闭的罪魁祸首就是王腾，不服判决并拒绝执行。最终，肖飞因为拒不执行判决而被判处有期徒刑一年零六个月。

【现身说法】

一般来说，对于被执行人拒不还钱的情况，可以申请法院强制执行。如果被执行人尚有财产，强制执行应当在6个月内执行完毕。没有特殊原因超过6个月未执行且没有采取措施的，可以向执行法院的上一级法院提出申请，责令执行法院限期执行或者更换法院执行。

申请强制执行后，被执行人会收到法院的执行通知书。如果被执行人收到通知后仍拒绝执行，法院就有权依法扣押、冻结、查封被执行人的财产。如果被执行人没有财产，则由法院裁定，采取限制被执行人高消费或者列入失信名单等措施。

其中，被执行人限制高消费行为包括但不限于：乘坐飞机、G字头动车组、火车软卧、其他动车组一等及以上座位、轮船二等以上舱位；到四星级及以上酒店、高尔夫球场、酒吧等地消费；购买不动产、非经营必需车辆，参加旅行社、旅游团等。

对于列入失信名单的人员，法院可以拍卖其唯一住房、冻结或划扣其银行账户、限制其购物，同时限定其不得担任公司高管等。

如果被执行人有能力执行但拒绝执行的，根据《刑法》第三百一十三条规定：**对人民法院的判决、裁定有能力执行而拒不执行，情节严重的，处三年以下有期徒刑、拘役或者罚金；情节特别严重的，处三年以上七年以下有期徒刑，并处罚金。**

【读法心得】

对于那些对法院裁决置若罔闻的"老赖"，法院是有办法对其进行制裁的。因此，我们无须担心判决下来而"老赖"拒不执行该怎么办。因为"老赖"拒不执行的话，他的生活只会举步维艰，甚至面临牢狱之灾。

另外，千万不要以为优先偿还他人欠款而未履行法院判决就不构成拒不执行判决、裁定罪。虽然说各债权人的地位是平等的，但法院判定执行的款项要先还。这也是肖飞到最后会被判入狱的原因。

因此，如果你的债务人欠了很多人的钱，你第一个去法院申请强制执行，就有优先拿到欠款的权利。